Franziska Consolati (geb. Bär), 1993
in Oberbayern geboren, ist Autorin
und Abenteurerin. Kaum volljährig
führte sie eine ihrer ersten Reisen mit
Beduinen durch die Sahara – irgendwo dort in den Dünen hat sie ihr Herz
an unseren schönen Planeten verlo-
ren. Seither erkundete sie 35 Länder,
tauchte ein in fremde Kulturen
und wilde Natur abseits der Pfade.
Mit jedem Schritt wurde ihr stärker
bewusst, wie dringend wir uns für den
Schutz der Erde einsetzen müssen.
Vier Jahre lang arbeitete Franziska
für eine Umweltorganisation, bevor
sie sich als Autorin selbstständig
machte: mit dem Ziel, für das Reisen
und den Umweltschutz gleicherma-
ßen zu schreiben.

www.ins-nirgendwo-bitte.de

Franziska Consolati

Ein nachhaltiger Wegweiser

REiSE HACKS
FÜR
KLIMA-BEWUSSTE

CON BOOK.

Folgen Sie uns!

Wir informieren Sie gerne und regelmäßig über Neuigkeiten aus der CONBOOK-Welt. Folgen Sie uns für News, Stories und Informationen zu unseren Büchern, Themen und Autoren.

 www.conbook-verlag.de/newsletter

www.facebook.com/conbook

 www.instagram.com/conbook_verlag

Klimaneutral
Druckprodukt
ClimatePartner.com/18161-2203-1001

Bei den Reise-Hacks bisher ebenfalls erschienen:

- ★ **Reise-Hacks für frischgebackene Eltern** (ISBN 978-3-95889-420-4)
- ★ **Reise-Hacks für Hundemenschen** (ISBN 978-3-95889-419-8)
- ★ **Reise-Hacks für Laufbegeisterte** (ISBN 978-3-95889-421-1)
- ★ **Reise-Hacks für Nackte** (ISBN 978-3-95889-422-8)

© Conbook Medien GmbH, Neuss, 2022
Alle Rechte vorbehalten.

www.conbook-verlag.de

Einbandgestaltung: FAVORITBUERO, München, unter Verwendung von Illustrationen: © Maxim Suvoroff / Shutterstock (Kofferanhänger), VoodooDot / Shutterstock (Person und Berg), yudi yanto / Shutterstock (Baum), Martial Red / Shutterstock (Rucksack), neoncat / Shutterstock (Fahrrad)

Illustrationen und Grafiken im Innenteil: Serafima Mikhaylova (@happiestsim)

Kartografie: David Janik, basierend auf Karten © Andrei Minsk / Shutterstock und Serban Bogdan / Shutterstock

Layout: David Janik

Druck und Verarbeitung: Florjančič tisk d.o.o., Slowenien

894181 01 22 9

ISBN 978-3-95889-418-1

Inhalt

Vorwort

Die Füße im Sand vergraben lausche ich der Stille der afrikanischen Nacht. Über mir spannen sich tausend Sterne über den Himmel und ich bin die Einzige, die noch wach ist. Neben mir knistert das Feuer, in der Ferne höre ich Elefanten trompeten und frage mich, ob der Bulle dabei ist, den wir heute Morgen aus dem Schlaf gerissen haben.

Zuhause fühlt sich plötzlich unendlich weit weg an. Das ist es auch. Und ich komme nicht umhin, über eine ganz bestimmte Frage nachzudenken:

Gebe ich der Welt mehr, als ich von ihr bekomme?

Zwar bin ich zu Fuß im Busch unterwegs, saß aber zehn Stunden und 35 Minuten im Flugzeug, um überhaupt einen Schritt auf südafrikanischen Boden setzen zu können. Und das Flugzeug, das ist kein Geheimnis, vergrößert unseren ökologischen Fußabdruck so gravierend wie kaum etwas anderes.

Aber, und das ist die Kehrseite: Es zählt nicht nur das, was wir *nicht* tun. Sondern es zählt auch das, *was wir* tun. Es zählt der positive Einfluss, den wir auf unsere Mitmenschen und auf unseren Planeten haben können.

Wieder kommen mir die Elefanten in den Sinn. In Südafrika wie in zahlreichen anderen Ländern finanzieren sich Naturschutzgebiete und Nationalparks über die Einnahmen der Gäste.

Ein Ranger hat es gut erklärt: »Nur dann, wenn Menschen Geld bezahlen, um Elefanten sehen zu können – nur dann werden Elefanten aktiv geschützt.«

Das übrigens ist dringend notwendig, denn in den vergangenen hundert Jahren ist die afrikanische Elefanten-Population um mehr als 90 Prozent geschrumpft.

WUSSTEN SIE SCHON, ...

... dass 15 deutsche Tourist*innen einen Arbeitsplatz in Entwicklungs- und Schwellenländern schaffen?

Würden wir also alle aufhören zu fliegen – wie lange würden Elefanten dann noch am Leben sein?

Die Herleitung ist kurz, ich weiß. Richtig ist sie dennoch. Dabei geht es um weit mehr als um die Population der Elefanten. Sie stehen exemplarisch für alles, was dank des internationalen Tourismus geschützt wird.

Hier geht es um das große Ganze, denn Nachhaltigkeit ist nicht nur Klimaschutz. Auch Arten- und Umweltschutz spielen eine bedeutende Rolle. Dazu kommen soziale Aspekte, die zu einer gerechten Welt beitragen.

Als klimabewusste Reisende geht uns all das etwas an, dieses große Ganze.

Für mich war der Weg zu dieser Erkenntnis kein kurzer. Während der vergangenen zehn Jahre habe ich Reisen unternommen, die ich heute nicht mehr antreten würde. Denn es ist ein komplexes Puzzle, dieses große Ganze.

Um die einzelnen Puzzleteile dreht sich das folgende Buch.

Diese Seiten aber sind kein Deckmantel. Sie liefern keine Rechtfertigungen, um unbedacht durch die Welt zu jetten. Vielmehr sind sie als Mutmacher zu verstehen. Als Motivation, damit wir alle unser Bestes geben.

Denn wir tragen die Verantwortung, das zu schützen, was wir am meisten lieben.

Dieses Buch ist kein Aufruf gegen, sondern ein Appell für das Reisen. Ohne schlechtes Gewissen, aber so, dass es der Welt gut tut.

1

Entscheidungshilfe für KLIMABEWUSSTE

Die Welt ist groß und die Reisemöglichkeiten sind schier unendlich. Und wir? Wir sind allzeit neugierig. Um der Überforderung beim Blick auf den Globus vorzubeugen, mögen die kommenden Seiten als Entscheidungshilfe dienen.

Wann? Wie? Wohin?

Mit ihr finden wir nicht nur genau das, wonach wir uns sehnen – sondern planen unsere nächste Reise auch klimabewusst.

Wie **urlaubsreif** bin ich?

Beantworten Sie die folgenden Fragen und kreuzen Sie die passendste Antwort an:

1 Wie viel Zeit verbringe ich aktuell in der Natur?

a Das einzig Grüne in meinem Leben ist das Basilikum in meiner Küche. **15 Punkte**

b Am Wochenende spaziere ich immerhin kurz durch den Stadtpark. **10 Punkte**

c Ich gehe viel wandern und will endlich neue Gegenden erkunden! **5 Punkte**

2 Das letzte Abendessen mit Freunden war ...

a ... anstrengend! Nachdem ich die Fleischbeilage abgelehnt habe, musste ich mich den ganzen Abend lang dafür rechtfertigen. **15 Punkte**

b ... schön. Aber über Klimaschutz habe ich lieber nicht gesprochen. Das führt grundsätzlich zu sturen Diskussionen. **10 Punkte**

c ... sehr inspirierend! Freunde, die sich für ein nachhaltiges Projekt im Ausland engagieren, haben Bilder davon gezeigt. **5 Punkte**

3 Wie läuft es gerade im Job?

a Ich bin schon gestresst, bevor ich ankomme, weil ich meinen Arbeitsplatz nur mit dem eigenen Auto erreichen kann. **15 Punkte**

b Tag für Tag muss ich mir ansehen, wie meine Kollegin Äpfel aus Neuseeland isst. **10 Punkte**

c Mein*e Chef*in hat mir unbezahlten Urlaub angeboten. **5 Punkte**

4 Stichwort Fernweh. Was kommt mir als Erstes in den Sinn?

a Meine Reiseführer fallen auseinander, weil ich sie mir unters Kopfkissen lege. So werden Wünsche wahr, oder nicht? **15 Punkte**

b Ich habe die P!N meiner Reisekreditkarte vergessen. **10 Punkte**

c Indisches Essen, Salsakurs, Trommelstunde: Ich hol die Welt zu mir nach Hause! **5 Punkte**

5 Welche Gedanken kommen mir, wenn ich mich mit aktuellen Nachrichten auseinandersetze?

a Unsere Gesellschaft denkt wohl, der Rest der Welt wäre zu weit weg, um sich für sein Wohl einzusetzen. **15 Punkte**

b Warum wird über immer mehr Länder nur negativ berichtet? **10 Punkte**

c Puh, es gibt so viel zu tun. Nichts wie los! **5 Punkte**

6 Was vermisse ich gerade am meisten?

a Wie sieht die Welt hinter meinem Schreibtisch gleich wieder aus? **15 Punkte**

b Gute Gespräche bei Sonnenuntergang. Wann habe ich eigentlich zum letzten Mal einen beobachtet? **10 Punkte**

c Eigentlich fehlt mir wenig. Aber es wird Zeit, dass ich meinen Horizont erweitere. **5 Punkte**

7 Gestern Abend habe ich eine Doku angesehen ...

a ... über Wilderei in Afrika. Viele Parks haben kaum Einnahmen und können die Tiere deshalb nicht ausreichend schützen. **15 Punkte**

b ... über eine Flamingo-Kolonie in Nordrhein-Westfalen. **10 Punkte**

c ... von David Attenborough. Entdecker-Modus pur! **5 Punkte**

Auflösung

Los geht's! So gemütlich uns die alltägliche Komfortzone manchmal erscheinen mag – es gibt noch so viel mehr zu entdecken.

95–105 Punkte
Nichts wie weg hier!

Wie, was und wo? Völlig egal, Hauptsache raus aus dem Alltag! Wir platzen vor Fernweh, fühlen uns mit unserer Vision von einer gerechten Welt wie Außerirdische und »Natur« klingt wie ein Fremdwort.

65–90 Punkte
Langsam wird's Zeit.

Wir fühlen uns einigermaßen ausgeglichen, werden aber von Woche zu Woche nervöser. Um zu den Bildern der letzten Reise auf unserem Smartphone zu kommen, müssen wir lange scrollen. Ist das wirklich schon so lange her?

35–60 Punkte
Vorfreude ist die schönste Freude.

Das Hier und Jetzt können wir genießen! Aber ein paar Ideen für die nächste Reise haben wir schon – und es gibt da diese Organisation, die wir unterstützen könnten.

Wo ist was los,
wenn ich Urlaub habe?

JANUAR
Nazaré, Portugal: eins sein mit dem Ozean. Wer die **höchsten Wellen der Welt surfen** will, muss nicht nach Hawaii oder Australien reisen, sondern im Winter an Portugals Küste.

FEBRUAR
Estland: Einige Inseln Estlands sind jetzt nicht mehr nur per Fähre oder Flugzeug zu erreichen, sondern auch über **das zugefrorene Meer**. Zum Beispiel Hiiumaa, Saaremaa und Muhu.

Sachsen-Anhalt, Deutschland: Ein wichtiger Termin für alle Läufer*innen: Am zweiten Samstag im Februar findet traditionell die Brocken-Challenge statt: **ein Wohltätigkeits-Ultra-Marathon**.

MÄRZ
Mecklenburg Vorpommern, Deutschland: Im Frühjahr und Herbst, wenn die Kraniche ziehen, tummeln sich im Nationalpark Vorpommersche Boddenlandschaft bis zu **50.000 Kraniche gleichzeitig**. In der Balzzeit zwischen Mitte März und Anfang April sieht es aus, als würden die Kraniche tanzen.

APRIL
Japan: die Welt in Pink! Wenn in Japan die **Kirschbäume blühen**, sprechen die Japaner von der fünften Jahreszeit. Dieses Naturschauspiel gibt's aber auch in Deutschland: zum Beispiel im **Schlossgarten Schwetzingen** (Baden-Württemberg) und in der **Fränkischen Schweiz**.

MAI
Würzburg, Deutschland: Am Ufer des Main findet jährlich zwischen Mai und Juni das **größte Africa Festival Europas** statt. Nirgendwo kommen wir der afrikanischen Kultur näher, ohne den Kontinent zu wechseln.

JUNI
Húsavík, Island: In den Gewässern Islands sind 23 verschiedene Walarten zu Hause. Ab Juni sind die **Wale nahe an der Küste** und besonders gut zu beobachten.

JULI

Coburg, Deutschland: Jedes Jahr am zweiten Juli-Wochenende können wir in Coburg auf dem **größten Samba-Festival** außerhalb Brasiliens echtes lateinamerikanisches Lebensgefühl atmen.

AUGUST

Greater Masai Mara, Kenia: Die **große Gnuwanderung** ist in vollem Gange. Ein Naturschauspiel, bei dem große Herden durch die Savanne streifen.

SEPTEMBER

Schweiz: Der **Alpabzug** ist eines der bekanntesten traditionellen Feste der Schweiz. Nach einem Sommer auf der Alm werden die Viehherden von den Bergen ins Tal getrieben. Zur Feier des Tages kommen in den Dörfern alle zusammen.

Mexiko: An den Stränden schlüpfen im Spätsommer **Meeresschildkröten aus ihren Eiern**. Zu dieser Zeit suchen viele NGOs freiwillige Helfer*innen, die die Eier vor Dieben schützen.

OKTOBER

Karwendel, Österreich: Die Ahornbäume im Naturschutzgebiet Karwendel sind im Herbst berühmt geworden – dann nämlich, wenn uns ihre knallbunten Blätter an den **Indian Summer** Nordamerikas erinnern.

NOVEMBER

Skandinavien: Im Norden Europas sorgen die Polarnächte für große Dunkelheit. Die Chancen, **Polarlichter zu beobachten**, sind von nun an besonders groß.

DEZEMBER

Helgoland, Deutschland: An den Stränden der Helgoländer Düne **tummeln sich junge Kegelrobben** und ihre Eltern. Auf dem Panoramaweg können wir sie aus sicherer Entfernung beobachten.

Die perfekte Europaroute
für Klimabewusste

Kaum ein Kontinent ist so vielfältig wie der europäische: **Nach jeder Grenze können wir in eine neue Kultur eintauchen.**

Wie wäre es zum Beispiel mit einer Tour in den Norden? Über das Meer und über Inseln bis in den wilden Osten. Zu den Höhepunkten zählen (exotische) Tierbegegnungen, umweltbewusstes Stadtleben, eine Reise in die Naturgeschichte und unendliche Weite.

Vatnajökull-
Nationalpark, Island

Weiter als der Horizont

Mit 14.200 Quadratkilometern ist er der größte Nationalpark Europas – und ausgedehnter als so manches deutsche Bundesland.

London,
England

Mehr Wissen

Das *Natural History Museum* zählt zu den größten und beliebtesten Naturkundemuseen der Welt. Neues Wissen über alte Zeiten.

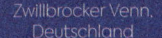

**Zwillbrocker Venn,
Deutschland**

Exotische
Einstimmung

Hier setzt schnell großes
(Fern-)Reisegefühl ein: Die
wilden Flamingos schicken
uns gedanklich nach
Südamerika.

**Kopenhagen,
Dänemark**

Lernen von den Besten

Dänemark wurde 2020
zum umweltfreundlichsten
Land der Welt gewählt.
Hier können wir von echten
Vorreitern lernen.

**Bieszczady–
Nationalpark, Polen**

Bedingungslos wild

Hier sind Bären, Wölfe und
Wisente zu Hause: in einer
der letzten, bedingungslos
wilden Naturlandschaften
Europas.

Berühmte Klimabewusste
auf Reisen

Die Pionierin

Name	Jane Goodall
Geboren	3. April 1934
Tätigkeit	Forscherin und Aktivistin

»Ich bin in England geboren, arbeite in Afrika und lebe in Flugzeugen.«

Mit diesen knappen Worten stellt Jane Goodall sich sehr bescheiden vor. Zu erzählen hat sie aber nicht nur in ihren Büchern deutlich mehr. Zum Beispiel, dass sie **die erste Frau war, die Forschungen an Menschenaffen in Afrika betrieben hat**. Fast alles, was wir heute über Schimpansen wissen, verdanken wir Jane Goodall und ihren jahrzehntelangen Beobachtungen. 1960 schlägt sie ihr Lager zum ersten Mal im heutigen *Gombe-Stream-Nationalpark* in Tansania auf. Fünfundzwanzig Jahre lang lebt sie dort mit wilden Schimpansen.

Sie hat ihr Leben dem Artenschutz verschrieben, reist seit Jahrzehnten um die Welt und versucht, Menschen für den Schutz von Tieren und Umwelt zu gewinnen.

Der Jahrhundert-Aktivist

Name	Sir David Attenborough
Geboren	8. Mai 1926
Tätigkeit	Naturforscher und Filmemacher

»*The world is in trouble.*« – »Die Welt ist in Schwierigkeiten.«

Das ist die Botschaft, die David Attenborough der Menschheit nach mehr als einem halben Jahrhundert Reisen überbringen will. Als **Tierfilmer und Naturforscher** hat er früh angefangen, unseren Planeten mit der Kamera in der Hand zu erkunden, war in entlegenen Gegenden unterwegs, ist wilden Tieren nahegekommen und durfte einen Planeten erleben, der wild und unberührt war.

Seinen jüngsten Film *A Life on Our Planet* bezeichnet er als Lebenswerk, als Zeugnis davon, wie sich unsere Welt im Laufe seines eigenen Entdeckerlebens verändert hat. Besonders am Herzen liegt ihm folgende Botschaft: »Die Erde ist endlich und wir müssen auf sie aufpassen.«

Der engagierte Schauspieler

Name	Leonardo DiCaprio
Geboren	11. November 1974
Tätigkeit	Schauspieler und Umweltschützer

Ein Hoch auf unsere Welt!

Dass Leonardo DiCaprio die männliche Hauptrolle im Film *Titanic* gespielt hat und als Hollywood-Schauspieler oscargekrönt ist, das wissen Filmfans natürlich. Was hingegen weniger bekannt ist: Er war gerade einmal 24 Jahre jung, als er 1998 seine eigene Stiftung gegründet hat.

Mit der **Leonardo DiCaprio Foundation** setzt er sich seither für Umweltschutz und gegen die globale Erwärmung ein. Im Dokumentarfilm *Before the Flood* macht er in Interviews mit internationalen Politikern auf die Folgen des Klimawandels aufmerksam – und bezeichnete eben diesen auf dem UN-Klimagipfel in New York als »größte Herausforderung für die Menschheit«.

Das haben wir doch alle schon mal erlebt. Oder?

Wir schlagen eine Reiseeinladung aus

Die Clique aus Schulzeiten ist mittlerweile in ganz Europa verteilt und verabredet sich spontan für ein Wochenende in Portugal. Anreise: Freitagabend, Abreise: Sonntag. **Statt Wiedersehensfreude siegt unser grünes Gewissen.**

Wie? Du unternimmst eine Fernreise?

Weil wir uns nachhaltig engagieren und klimabewusst sind, kriegen wir in manchen Diskussionsrunden den **Reisen-ist-tabu-Stempel** aufgedrückt. Klimabewusstsein heißt schließlich, sich möglichst nicht vom Fleck zu bewegen und ausschließlich von selbst angebautem Gemüse zu leben. Oder etwa nicht?

Greenwashing statt echtem Engagement

Die Unterkunft, in der wir wohnen wollen, das Projekt, das wir unterstützen möchten, entpuppen sich als Greenwashing-Fallen: Statt echtem Engagement geht es den Betreibern nur darum, eine **neue, hippe Zielgruppe anzulocken.**

Blick hinter die Kulisse

Wenn wir uns mit den (Umwelt-)Problemen unserer Zeit auseinandersetzen, **verlieren wir oft unseren unbefangenen Blick**. Dann werden aus Wäldern in unseren Augen Plantagen, aus Flüssen Kanäle und Felder sind für uns keine üppigen Wiesen mehr, sondern künstliche Monokulturen für die Nutztierhaltung.

Flugscham Level 1.000

Wir treffen unsere Reiseentscheidungen klimabewusst. **Setzen uns nicht in einen Flieger, ohne gute Gründe dafür zu haben.** Und dennoch: Sobald die Turbinen brummen, kauern wir uns in unseren Sitz und sehen bildlich vor uns, wie unser ökologischer Fußabdruck gerade wächst.

2

Loslegen
für
KLIMABEWUSSTE

Zeit für neue Abenteuer!

Die Entscheidung ist gefallen,
ein Lächeln macht sich in
meinem Gesicht breit:
Ich nehme mir eine Auszeit!

Bevor ich mich für mein nächstes
Reiseziel entscheide, erinnere ich
mich an meine Vision: Ich will so
reisen, dass es der Welt gut tut.
Und mehr geben, als ich nehme.

Der ultimative Zeitplan
für die Reisevorbereitung

So früh wie möglich: die Qual der (Reiseziel-)Wahl

Bevor ich festlege, wo es hingehen soll, stelle ich mir im Hinblick auf meinen ökologischen Fußabdruck ein paar bewährte Fragen.

Diese Reihenfolge bietet sich an:

Kann ich vermeiden? Jeglichen Extra-CO2-Ausstoß.

Kann ich verringern? CO2-Emissionen lassen sich oft nicht vollständig vermeiden, wenn ich nicht gerade mit dem Rad oder in Wanderschuhen von meiner Haustür aus starte. **Wie kann ich meinen ökologischen Fußabdruck trotzdem so klein wie möglich halten?**

Kann ich kompensieren? Emissionen zu kompensieren sorgt für viele Diskussionen. In einem sind sich aber alle einig: **CO2-Kompensation ist kein Freifahrtschein**, denn ungeschehen macht sie Emissionen nicht. Dennoch ist die Kompensation eine Möglichkeit,

unser Reiseverhalten nachhaltiger zu gestalten. Mehr Informationen zu diesem Thema finden sich auf Seite 64.

In der Planungspraxis bedeuten diese Fragen zum Beispiel Folgendes:

Möchte ich eine mehrtägige Wanderung unternehmen, kann ich auf den rund 300.000 Kilometern unterwegs sein, die es in Deutschland an Wanderwegen gibt. Oder ich mache mich auf in unsere Nachbarländer und kann Emissionen so weitestgehend vermeiden.

Will ich aber in den Buddhismus eintauchen und persönlich von Mönchen in Thailand lernen, kann ich Emissionen nur begrenzt verringern, ich sollte also zusätzlich kompensieren.

Zu Beginn: die Suche abseits der bekannten Pfade

Ich selbst studiere oft Reiseführer, um mir darüber klar zu werden, wohin ich nicht reisen werde. **Ich möchte keine Regionen belasten, für die sich der**

Massentourismus bereits zum Problem entwickelt hat, sondern solche Regionen stärken, die auf dem Radar der Reisenden seltener auftauchen. Manchmal liegen zwischen beiden Alternativen nur wenige Kilometer, eine Bergkette oder eine Insel.

Der nächste Schritt: Anreise und Abreise organisieren

Je langsamer ich reise, desto mehr Vorlauf brauche ich. Bewege ich mich außerhalb der EU über Landesgrenzen? Dann sollte ich mich rechtzeitig über Einreisebestimmungen und Visa-Bedingungen informieren, und das umso zeitiger, wenn ich über den Landweg einreise (der nicht die Option des Visa-on-arrival wie am Flughafen bietet).

Für meine Zeit auf Reisen frage ich mich außerdem, **wie flexibel ich unterwegs sein möchte**: Muss ich Unterkünfte im Voraus buchen oder kann ich das spontan machen?

Kurz vor der Abreise: Möglichkeiten suchen, sich vor Ort zu engagieren

Sind wir als Weltverbesserer unterwegs? Nein, als solche möchten wir sicher nirgends auftreten. **Einen positiven Einfluss auf die Welt wollen wir aber freilich nehmen.** Wen und was wir auf unserer nächsten Reise unterstützen können, lässt sich gut mit einer Internetrecherche herausfinden. Oft hilft es, auf Englisch zu suchen, besser noch in der jeweiligen Landessprache.

Ein letzter Vorgeschmack: die kulturelle Vorbereitung

Sobald wir eine Grenze überqueren, tauchen wir in eine neue Kultur ein. Mal mehr, mal weniger. Zum verantwortungsbewussten Reisen gehört es, dass wir **dieser Kultur mit Respekt begegnen**. Ein wichtiger Punkt vor der Abreise ist es daher, sich über Dos und Don'ts zu informieren.

Packliste
für Klimabewusste

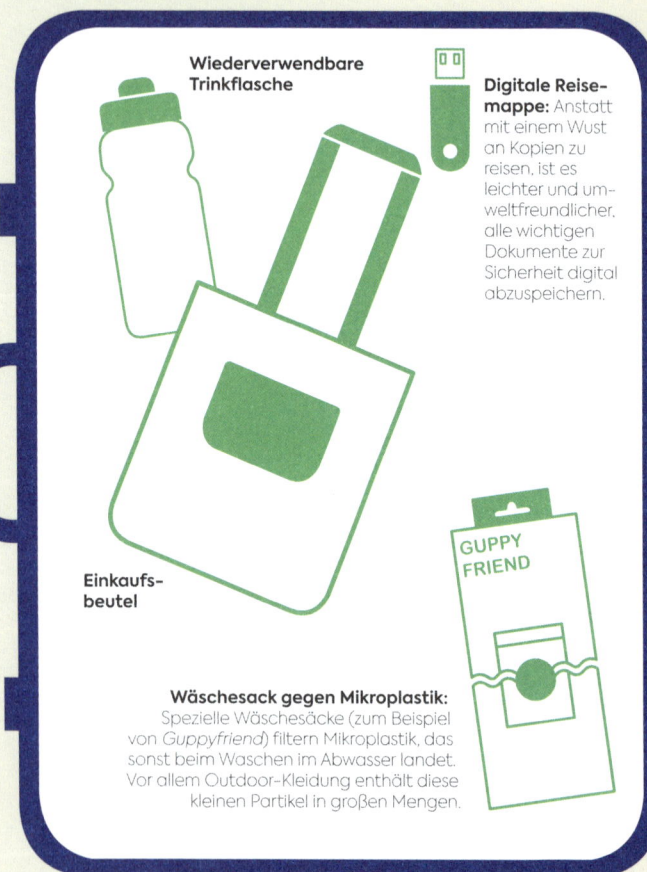

Wiederverwendbare Trinkflasche

Digitale Reisemappe: Anstatt mit einem Wust an Kopien zu reisen, ist es leichter und umweltfreundlicher, alle wichtigen Dokumente zur Sicherheit digital abzuspeichern.

GUPPY FRIEND

Einkaufsbeutel

Wäschesack gegen Mikroplastik: Spezielle Wäschesäcke (zum Beispiel von *Guppyfriend*) filtern Mikroplastik, das sonst beim Waschen im Abwasser landet. Vor allem Outdoor-Kleidung enthält diese kleinen Partikel in großen Mengen.

Seifen- und Shampoo-Stücke aus Naturkosmetik

SEIFE

Umweltfreundlicher Mückenschutz

Bildwörterbuch für den Austausch ohne Fremdsprachen-Kenntnisse

Ohne Wörter

Sonnencreme

Korallenfreundliche Sonnencreme

Brotzeit-Box

Wasserfilter: Leitungswasser können wir oft nur gefiltert trinken. Damit wir kein Wasser kaufen müssen, empfiehlt sich der Einsatz von Filtern. Zum Beispiel der von *LifeStraw*, den wir in unsere Trinkflasche schrauben können.

So komme ich
ans Ziel

75 Prozent aller CO2-Emissionen, die dem Tourismus angerechnet werden, entstehen bei der An- und Abreise. Die können wir reduzieren. Folgendes Verkehrsmittel-Ranking kann helfen, eine klimabewusste Entscheidung zu treffen.

1. Wahl Zu Fuß
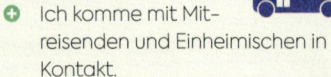

- ➕ Ich bin klimaneutral unterwegs, langsam und bewusst, mit dem Blick für die kleinen Wunder am Wegesrand.
- ➖ Meine Fortbewegung kostet Zeit, die mir anderswo fehlt. Zum Beispiel beim Einsatz für Projekte vor Ort.

2. Wahl Fahrrad

- ➕ Ich bewege mich aus eigener Kraft fort, kann trotzdem einige Dutzend Kilometer am Tag zurücklegen.
- ➖ Ich muss mich mit Ersatz-Material ausstatten, das ich hoffentlich nicht brauche – dann aber umsonst gekauft habe.

3. Wahl (Nacht-)Zug

- ➕ Hier einschlafen, dort aufwachen: Nachtzüge sind besonders umweltschonend und zeitsparend.
- ➖ Vor allem in Deutschland gibt es aktuell sehr wenige Verbindungen.

4. Wahl Bus

- ➕ Ich komme mit Mitreisenden und Einheimischen in Kontakt.
- ➖ Je nach Land ist eine Busfahrt nichts für schwache Nerven.

5. Wahl Auto

- ➕ Ich erreiche Regionen abseits der bekannten Pfade, die kaum erschlossen sind.
- ➖ Mein Verkehrsmittel fährt nur für mich. Und ich habe weniger Kontakt zu anderen.

6. Wahl Fähre

- ➕ Ich erreiche Reiseziele, zum Beispiel Inseln, die abgelegen und nicht an den Flugverkehr angeschlossen sind.
- ➖ Mein Verkehrsmittel belastet das Meer, das als sensibles Ökosystem ohnehin überstrapaziert ist.

7. Wahl Flugzeug

- ➕ Ich erreiche fernste Kulturen und kann in neue Welten eintauchen.
- ➖ Das Flugzeug vergrößert meinen ökologischen Fußabdruck wie kein anderes Transportmittel.

3

Entdecken für KLIMABEWUSSTE

»Die gefährlichste Weltanschauung
ist die Weltanschauung derer, die
die Welt nie angeschaut haben.«
Alexander von Humboldt

In diesem Sinne: Lasst uns die
Welt anschauen. Und nicht nur
Reisende sein, sondern auch
Botschafter*innen, die überall
berichten, wie schön und
schützenswert unser Planet ist.

Die **Top-10**-Länder für **Profis**

1 Mon-golei

Nachhaltigkeit in der Gesellschaft ★ ★ ★
Klimafreundliche Fortbewegung ★ ★ ★
Klimafreundliche Ernährung ★ ★ ★

Ein Umweltbewusstsein gibt es hier meist ebenso wenig wie staatliche Maßnahmen zum Klimaschutz. Dafür gibt es unendliche Natur, die wir besonders gut zu Fuß oder mit dem Rad entdecken können. Und die Mongolen selbst beeindrucken bei allen drängenden Problemen des Landes durch ihren naturverbundenen Lebensstil.

2 Ruanda

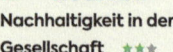

Nachhaltigkeit in der Gesellschaft ★ ★ ★
Klimafreundliche Fortbewegung ★ ★ ★
Klimafreundliche Ernährung ★ ★ ★

Das ökologische Vorbild Afrikas. Besonders in Sachen Artenschutz und Mülltrennung ist das kleine Land auf dem Vormarsch. Plastiktüten sind schon seit 2008 verboten.

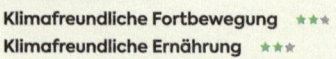

3 Costa Rica

Nachhaltigkeit in der Gesellschaft ★ ★ ★
Klimafreundliche Fortbewegung ★ ★ ★
Klimafreundliche Ernährung ★ ★ ★

30 Prozent der Landesfläche sind als Nationalpark oder Schutzgebiet ausgewiesen. Damit schützt Costa Rica so viel eigene Fläche wie kaum ein anderes Land.

4 Japan

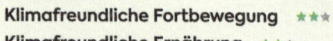

Nachhaltigkeit in der Gesellschaft ★ ★ ★
Klimafreundliche Fortbewegung ★ ★ ★
Klimafreundliche Ernährung ★ ★ ★

Gibt es ein Land, das mit einem besseren Schienennetz erschlossen ist als Japan? Wohl kaum. Schon seit 1964 halten die Shinkansen-Hochgeschwindigkeitszüge Japan ressourcenschonend und sicher mobil.

5 Indien

Nachhaltigkeit in der Gesellschaft ★★★
Klimafreundliche Fortbewegung ★★★
Klimafreundliche Ernährung ★★★

In keinem anderen Land der Welt ernähren sich so viele Menschen vegetarisch wie in Indien. Rund 40 Prozent der Bevölkerung leben fleischlos, viele davon ausschließlich vegan.

6 Namibia

Nachhaltigkeit in der Gesellschaft ★★★
Klimafreundliche Fortbewegung ★★★
Klimafreundliche Ernährung ★★★

Als erstes Land Afrikas nahm Namibia den Naturschutz in seine Verfassung auf. Die ersten offiziellen Schutzgebiete wurden bereits 1907 ausgewiesen – heute sind 44 Prozent der Landesfläche geschützt oder nachhaltig genutzt.

7 Rumänien

Nachhaltigkeit in der Gesellschaft ★★★
Klimafreundliche Fortbewegung ★★★
Klimafreundliche Ernährung ★★★

Naturschützer wollen in den rumänischen Karpaten Europas größtes Wald-Naturschutzgebiet schaffen. Der Zusammenschluss aus bestehenden Naturzonen wäre dann mehr mindestens zehn Mal so groß wie der Nationalpark Bayerischer Wald – Fürsprecher würden der Angelegenheit guttun.

8 USA

Nachhaltigkeit in der Gesellschaft ★★★
Klimafreundliche Fortbewegung ★★★
Klimafreundliche Ernährung ★★★

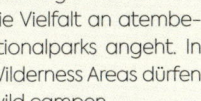

Das Land der langen Autofahrten und der unbegrenzten Möglichkeiten – zumindest, was die Vielfalt an atemberaubenden Nationalparks angeht. In sogenannten Wilderness Areas dürfen wir dort sogar wild campen.

9 Türkei

Nachhaltigkeit in der Gesellschaft ★★★
Klimafreundliche Fortbewegung ★★★
Klimafreundliche Ernährung ★★★

Hier gibt es den kürzesten Weg zwischen zwei Kontinenten: Die Bosporus-Brücken verbinden Europa und Asien. Gleichgesinnte lassen sich in der gastfreundlichen Türkei auch schnell kennenlernen.

10 Südafrika

Nachhaltigkeit in der Gesellschaft ★★★
Klimafreundliche Fortbewegung ★★★
Klimafreundliche Ernährung ★★★

Südafrika ist das erste Land, das verantwortungsbewussten Tourismus in seine politische Agenda aufgenommen hat. So haben immer mehr Unterkünfte ein Fair-Trade-Zertifikat – und schaffen damit jedes Jahr mehrere tausend gerecht bezahlte Arbeitsplätze.

Die **Top-10**-Länder für **Einsteiger**

1   Deutschland

Klimafreundlich erreichbar ★ ★ ★
Klimafreundliche Fortbewegung ★ ★ ★
Klimafreundliche Ernährung ★ ★ ★

Je näher, desto nachhaltiger. Wer Deutschland mit der Reisebrille betrachtet, kann erstaunlich viel Unbekanntes erleben.

2   Schweiz

Klimafreundlich erreichbar ★ ★ ★
Klimafreundliche Fortbewegung ★ ★ ★
Klimafreundliche Ernährung ★ ★ ★

Eine Fülle von Bergen, klaren Seen und urigen Dörfern. Dazu der spürbare Einfluss Italiens und Frankreichs. Und die schönsten Bahnstrecken der Welt. Wer hat die wohl erfunden?

3   Niederlande

Klimafreundlich erreichbar ★ ★ ★
Klimafreundliche Fortbewegung ★ ★ ★
Klimafreundliche Ernährung ★ ★ ★

Kleines Land, großes Vorbild. Wunderbar erschlossen mit einem Netz an öffentlichen Verkehrsmitteln und höchstem Komfort für Radfahrer.

4   Österreich

Klimafreundlich erreichbar ★ ★ ★
Klimafreundliche Fortbewegung ★ ★ ★
Klimafreundliche Ernährung ★ ★ ★

Wir überqueren nur eine Grenze und können eine Vielzahl anderer Kulturen erleben, denn Österreich zeigt sich von Bundesland zu Bundesland sehr unterschiedlich. Egal, ob wir auf der Suche nach Kultur oder Natur sind.

5   Slowenien

Klimafreundlich erreichbar ★ ★ ★
Klimafreundliche Fortbewegung ★ ★ ★
Klimafreundliche Ernährung ★ ★ ★

Slowenien setzt aktiv auf nachhaltigen Tourismus: Es gibt ein offizielles Angebot an ausgewählt klimabewussten Unterkünften, Restaurants und Aktivitäten.

6 Schweden

Klimafreundlich erreichbar ★ ★ ★
Klimafreundliche Fortbewegung ★ ★ ★
Klimafreundliche Ernährung ★ ★ ★

Friluftsliv sagen Norweger und Schweden zu ihrer naturverbundenen Lebenseinstellung. Dem Freiluftleben (inklusive Zelten) und der Bewegung in der Natur sind durch das »Jedermannsrecht« kaum Grenzen gesetzt.

7 Bhutan

Klimafreundlich erreichbar ★ ★ ★
Klimafreundliche Fortbewegung ★ ★ ★
Klimafreundliche Ernährung ★ ★ ★

Das erste Land der Welt mit einer negativen CO2-Bilanz. In der Verfassung ist verankert, dass 60 Prozent der Landfläche als Wald erhalten und geschützt werden sollen.

8 Ungarn

Klimafreundlich erreichbar ★ ★ ★
Klimafreundliche Fortbewegung ★ ★ ★
Klimafreundliche Ernährung ★ ★ ★

Kein anderes EU-Land hat einen so großen Anteil an Bus- und Fernbusfahrten wie Ungarn, auf das eigene Auto können wir getrost verzichten. Auch der internationale Fahrradweg EuroVelo 6 durchquert Ungarn entlang der Donau.

9 Thailand

Klimafreundlich erreichbar ★ ★ ★
Klimafreundliche Fortbewegung ★ ★ ★
Klimafreundliche Ernährung ★ ★ ★

Ein eigenes Auto oder gar Inlandsflüge brauchen wir in Thailand nicht. In Städten teilen wir uns die motorisierte Rikscha Tuk-Tuk, übers Land kommen wir mit Zug und Bus und übers Meer mit dem Boot. Auch eine klimabewusste Ernährung funktioniert hier problemlos.

10 Israel

Klimafreundlich erreichbar ★ ★ ★
Klimafreundliche Fortbewegung ★ ★ ★
Klimafreundliche Ernährung ★ ★ ★

Tel Aviv gilt mit mehr als 400 veganen Restaurants als »Welthauptstadt der Veganer«. Und auch sonst verankert sich der Nachhaltigkeitsgedanke immer mehr in Bevölkerung und Politik.

Berühmte Klimabewusste
auf der ganzen Welt

Adenike Oladosu

Geboren 30. September 1994
Tätigkeit Ökofeministin aus Nigeria

Aufgewachsen im Südosten Nigerias hat Adenike Oladosu früh die Probleme in ihrem Land erkannt: die Dürre einerorts, die Fluten andernorts. Adenike Oladosu hat nicht nur die Angst der Menschen in ihrem Land verstanden, sondern auch den Zusammenhang dieser Extrem-Ereignisse. Sie fing an, sich als Aktivistin zu engagieren, besuchte Communities, um über den Klimawandel aufzuklären, besuchte Schulen, hielt Reden.

Heute gilt Adenike Oladosu als Initiatorin der Fridays-for-Future-Bewegung in Nigeria. Sie ist außerdem Teil des Kollektivs *African Young Voices*, das die Aufmerksamkeit auf den Klimawandel lenken und Menschen mobilisieren will.

Ridhima Pandey

Geboren 21. Oktober 2008
Tätigkeit Umweltaktivistin aus Indien

Ridhima Pandey war neun Jahre alt, als sie gegen ihr Land Klage einreichte. Auslöser für ihr Interesse und ihre Besorgnis, was unser Klima angeht, war eine große Flutkatastrophe in ihrer Heimat.

Indien habe bei der Umsetzung der Klimaschutzgesetze versagt, prangerte sie gegenüber dem nationalen grünen Gericht an, das für Umweltthemen zuständig ist. Mehr noch: **Gemeinsam mit fünfzehn anderen jungen Aktivist*innen aus aller Welt legte sie Beschwerde bei den Vereinten Nationen ein.** Unter www.childrenvsclimatecrisis.org berichten sie von ihrem gemeinsamen Engagement.

Fousseny Traoré

Geboren 14. Mai 1993
Tätigkeit Umweltaktivist aus Mali

Fousseny Traoré ist bei seinem Onkel aufgewachsen. Im Laufe seiner Kindheit und Jugend ist ihm eines immer bewusster geworden: Auf den Feldern seines Onkels wurde es von Jahr zu Jahr trockener. 2010 hätten sie noch 100 Säcke mit Hirse geerntet. 2012 seien es nicht mal 70 gewesen, berichtet er in einem Artikel der Süddeutschen Zeitung.

Über die Zusammenhänge zwischen diesen Problemen und der Klimakrise wisse aber kaum jemand Bescheid. Fousseny Traoré hat es sich zur Aufgabe gemacht, das zu ändern.

2018 gründete er die Umwelt- und Klimaschutzinitiative *Ensemble pour le Climat Bamako.* Während er anfangs mit seinem Engagement allein war, schlossen sich ihm im Laufe der Zeit mehr und mehr Mitstreitende an.

Was Klimabewusste über andere Länder zu wissen glauben

»In Argentinien kommt nur Fleisch auf den Teller!«

Obwohl das argentinische Barbecue, Asado, und das traditionelle Rib-Eye-Steak weltberühmt sind, finden wir dort auch **traditionell fleischlose Gerichte**: zum Beispiel mit Gemüse gefüllte Teigtaschen und einen Eintopf, Locro, dessen Basiszutaten Mais, Bohnen und Kürbis sind.

»Nach Südamerika komme ich nur mit dem Flieger!«

Für eine Atlantik-Überquerung ist das Flugzeug die schnellste Wahl, keine Frage. Wer sich aber zu einer Langzeitreise aufmacht, kann das Weltmeer auch **auf einem Frachtschiff überqueren**.

»Alle Asiaten denken, Huhn wäre kein Fleisch!«

Wahrscheinlich haben das alle schon mal erlebt, die in Asien nach einem vegetarischen Gericht gefragt haben: *Chicken? No meat!* Eine weit verbreitete Einstellung ist das trotzdem nicht: In wenigen Ländern gibt so viele **vegetarische und vegane Gerichte** wie in asiatischen.

»In Asien nutzt man Plastik, als gäbe es kein Morgen!«

Abseits der Touristenstrände sehen wir manchmal vor lauter Plastik den Sand nicht mehr. Mittlerweile aber gibt es überall auf der Welt Bemühungen, diese Plastikflut zu stoppen. **Chinas Regierung hat Gratis-Plastiktüten schon 2008 verboten** – und bahnt sich aktuell einen Weg zu einem umfassenden Plastikverbot.

»Mülltrennung in afrikanischen Ländern gibt es nicht!«

Nicht überall auf der Welt wird der Hausmüll eingesammelt. Trotzdem gibt es auch auf diesem Kontinent enorme Anstrengungen, Abfälle geregelt zu entsorgen. **Ruanda hat schon seit Jahren strenge Gesetze zur Müllvermeidung** und -entsorgung, manche dienen als Vorbild für die EU.

»Länder, die vom Tourismus abhängig sind, kümmern sich nur um den Profit!«

Laut Umweltbundesamt arbeitet weltweit jede zehnte Person im Tourismus, auf den Philippinen macht die Tourismusbranche fast 25 Prozent der Wirtschaftsleistung aus. Trotz dieser Abhängigkeit **ergreifen immer mehr Länder Maßnahmen zugunsten der Umwelt** – auch die Philippinen, die das Inselparadies Boracay für Touristen sperrten.

»In Japan muss ich aufpassen, dass ich kein Walfleisch aufgetischt bekomme!«

Japan betreibt zwar kommerziellen Walfang – die meisten Japaner aber haben noch nie Walfleisch gegessen. Solche Gerichte sind im derart gehobenen Preissegment, dass wir sie bestimmt nicht aus Versehen auf den Tisch bekommen. Stattdessen können wir die **traditionelle buddhistische Küche Shôjin Ryôri** genießen, die ganz ohne tierische Produkte auskommt.

»Die Afrikaner produzieren so viel Müll, dass sie ihren Elektroschrott verbrennen müssen!«

Bergeweise Bildschirme, brennende Fernseher, eine der größten Elektroschrott-Müllkippen liegt in Ghanas Hauptstadt Accra. Falsch ist aber die Annahme, dieser Müll wäre von den Einheimischen produziert worden: Er kommt aus aller Welt, vor allem auch aus Europa.

»Klimaschutz ist ein Luxusproblem, das sich viele Länder nicht leisten können!«

Wenn Armut oder Krieg ein Land dominieren, steht Klimaschutz freilich hintan. **Trotzdem gibt es überall Aktivist*innen**, die sich mit Gleichgesinnten für langfristige Perspektiven einsetzen. Zum Beispiel Ridhima Pandey aus Mali und Oladosu Adenike aus Nigeria (Seite 30).

»Nach Mallorca darf man grundsätzlich nicht reisen – der Massentourismus richtet nichts als Schaden an!«

Ein Kurztrip auf die Baleareninseln kommt sicher nicht infrage. **Das heißt aber nicht, dass wir sie auch für eine klimabewusste Reise in der Nebensaison meiden müssen.** Im Hinterland setzen immer mehr Höfe auf nachhaltigen Tourismus, im Norden locken ruhige Buchten, die wir nur zu Fuß erreichen können.

Essen und Trinken
für Klimabewusste

Regional

Die größte Auswahl an frischen und regionalen Lebensmitteln finden wir in der Regel auf **Wochenmärkten** und an **Straßenständen**. Das ist weltweit so.

Wer mehr über das Angebot wissen will, kann mit den Verkäufern ins Gespräch kommen – und im besten Fall sogar erfahren, wo und wie die Produkte genau angebaut werden.

Wer ganz auf Selbstverpflegung setzen möchte, kann **essbare Pflanzen, Gemüsestauden und Obstbäume** in freier Natur auf https:/mundraub.org ausfindig machen. Die Plattform sammelt in einer Weltkarte Fundorte für Nahrung aus der Natur. Die meisten Einträge gibt es aktuell in Zentraleuropa.

Saisonal

Während wir in Deutschland im Juni endlich wieder Erdbeeren ernten können, können wir in Costa Rica zur selben Zeit Mangos essen. Guten Gewissens.

Und was wächst währenddessen auf dem afrikanischen Kontinent?

Das verraten uns **Saisonkalender für das jeweilige Land**, das wir gerade bereisen. Bis dato gibt es keinen Saisonkalender, der uns die Erntezeiten von Obst und Gemüse auf der ganzen Welt zeigt – aber bewährte Informationsquellen für verschiedene Länder.

Für **Deutschland** finden wir einen übersichtlichen Saisonkalender unter www.deutsches-obst-und-gemuese.de mit vielen Rezeptvorschlägen.

Europaweit fasst die Plattform www.eufic.org die jeweiligen Erntezeiten zusammen – mit einer guten Filterfunktion nach Ländern und Monaten.

Welches Obst und Gemüse zu welcher Zeit in den **USA** reif ist, das verrät uns der Kalender unter www.seasonalfoodguide.org.

Die Erntezeiten in **Südafrika** sind auf der Webseite www.eatout.co.za/seasonal-calendar dargestellt. Auf der Website gibt es für die großen südafrikanischen Städte außerdem Restauranttipps für Vegetarier und Veganer.

Saisonkalender weiterer Länder findet man am besten mit Internetrecherchen in der jeweiligen Landessprache.

Sozial

Es lohnt sich, in den unscheinbaren **Seitenstraßen auf Restaurantsuche** zu gehen, anstatt sich dort anzustellen, wo die meisten Google-Rezensionen oder ein Eintrag im Reiseführer hinführen.

Der kleine Imbisswagen am Straßenrand, hinter dem immer derselbe alte Mann steht, oder die **Garküche am Stadtrand**: Sie liefern uns oft das frischeste und authentischste Essen. Alles, was nicht regional oder saisonal wächst, ist für diese Art der Küche meist zu teuer – stattdessen arbeiten hier Einheimische Hand in Hand, um sich gegenseitig auszuhelfen. Und wir können ihr Motor sein.

Leave
no trace

Allgemeingültige Regeln für klimabewusstes Handeln? Wenn das so einfach wäre! **Je nachdem, wo wir unterwegs sind, gelten andere Voraussetzungen für nachhaltiges Verhalten.** Während wir einerorts guten Gewissens duschen können, herrscht andernorts Wasserknappheit. Dafür dürfen wir uns dort an exotischen Früchten satt essen.

Ein paar Grundsätze gibt es aber, die ausnahmslos gelten: *Leave no trace* heißt dieses **Umweltschutz-Einmaleins**, das schon in den 60er-Jahren in den USA entstanden ist. Seitdem fasst es sieben goldene Regeln zusammen, wie wir naturverträglich auf Entdeckungstour gehen können. Überall auf der Welt.

1   Gut vorbereitet sein
Andere Länder, andere Sitten. Was banal klingen mag, ist essenziell, damit wir uns angemessen verhalten können.

2   Auf den Boden achtgeben
Wir sollten nur dort unterwegs sein, wo wir nichts kaputt machen. Oft sind auch Untergründe empfindlich, von denen wir es gar nicht erwarten würden.

3   Abfälle richtig entsorgen
Müll hat in der Natur sowieso nichts zu suchen – das gilt auch für menschliche Abfälle: Niemand soll sehen, dass wir hier waren.

4   Die Natur Natur sein lassen
»Ach, nur die eine Blüte«, sagen tausend Menschen, die Blumen pflücken. Deshalb nehmen wir grundsätzlich nichts mit, was wir nicht schon dabeihatten.

5   Vorsicht mit Feuern
Ein kleines Campingfeuer kann sich unerwartet zur großen Bedrohung entwickeln. Unbedingt die örtlichen Regeln beachten.

6   Tieren Raum geben
Tiere beobachten wir so, dass sie uns gar nicht bemerken. Wir sind schließlich in ihrer Welt unterwegs.

7   Rücksicht auf andere nehmen
Genau wie wir wollen auch andere ein ungestörtes Naturerlebnis genießen.

4

Übernachten für KLIMABEWUSSTE

Ausschlafen mit gutem Gewissen

Hier geht es um weit mehr als darum, am nächsten Morgen ausgeschlafen aufzuwachen. Unterkünfte bieten die Möglichkeit für lebensnahe Begegnungen im Reiseland. Und sie sind ein wichtiger Türöffner, wenn wir uns gemeinsam mit Einheimischen engagieren wollen.

So **bette ich mich**
am besten

Unser Zuhause in der Ferne: Das ist die Unterkunft während unserer Reisezeit. Sie trägt wesentlich zu dem Eindruck bei, den wir von einem Land bekommen. Außerdem spielt sie eine entscheidende Rolle, was den **ökologischen Fußabdruck** unserer Reise angeht, denn nach der Fortbewegung nimmt die Unterbringung den größten Anteil daran ein. Oder auch nicht – wenn wir klimabewusst nächtigen. Folgende Fragen bringen uns umweltfreundlichen und fairen Übernachtungen näher:

* ⭐ **Wen unterstütze ich** mit einer Buchung? Einen womöglich internationalen Investor, der die Unterkunft zu rein wirtschaftlichem Nutzen betreibt? Oder engagierte Einheimische?
* ⭐ **Woher kommt das Essen**, das angeboten wird?
* ⭐ Setzt sich die Unterkunft für **nachhaltigen Tourismus** ein?
* ⭐ Wird die **Energie ökologisch** produziert?
* ⭐ Setzt sich das Team im Haus für **Müllvermeidung** ein?

Hotel

* ➕ Größter Vorteil: Wir selbst müssen uns um rein gar nichts kümmern.
* ➖ Größter Nachteil: Zahlreiche (auch nachhaltig betriebene) Hotels gehören einem Investor in der Ferne, nicht Einheimischen aus der Region. Konventionelle Hotels tragen oft enorm zur Ressourcenverschwendung bei.

Zelt

* ➕ Größter Vorteil: Wir sind der Natur so nah wie möglich und verbrauchen kaum Ressourcen.
* ➖ Größter Nachteil: Wir tragen gar nicht oder nur in geringem Umfang zur lokalen Wirtschaft bei.

Wohnmobil oder Wohnwagen

➕ Größter Vorteil: Fortbewegung und Übernachtung in einem!

➖ Größter Nachteil: Wir sind angetrieben von einem Verbrennungsmotor und kommen weniger in Kontakt mit Einheimischen.

Nachtzug

➕ Größter Vorteil: Wir legen weite Strecken zurück, während wir schlafen und damit keine weitere Unterkunft benötigen.

➖ Größter Nachteil: Wir schlafen während der Fahrt und verpassen die Aussicht.

Couchsurfing

➕ Größter Vorteil: Wir tauchen mit einem Kopfsprung ins Leben der Einheimischen ein. Authentischer geht's nicht!

➖ Größter Nachteil: Das heißt natürlich noch lange nicht, dass wir die Lebensweise der anderen genießen können – oder die anderen unsere Anwesenheit.

Farm

➕ Größter Vorteil: Nichts ist regionaler und saisonaler als Obst und Gemüse, das auf dem Feld nebenan wächst. Hier gibt es oft das leckerste selbst gekochte Essen.

➖ Größter Nachteil: Wir unterstützen eventuell eine Art der Landwirtschaft oder Tierhaltung, die mit unseren Ansichten von Klimaschutz nicht kompatibel ist.

Ferienhaus

➕ Größter Vorteil: Wir können uns den Gepflogenheiten der Region bestens anpassen: schlendern über den Markt, kaufen selbst ein und kochen mit frischen Zutaten ... Herrlich!

➖ Größter Nachteil: Wir beanspruchen viel Platz. Je nach Region kann das zu Konflikten führen, weil dieser Platz Einheimischen möglicherweise genommen wird oder Mietpreise steigen.

Übernachtungs-
horror

Es juckt am ganzen Körper, wir werfen uns die Rucksäcke hastig über die Schultern. Nichts wie weg hier!

Die vergangenen 24 Stunden sind eine Geschichte aus der Kategorie: *ein Reiseerlebnis, das wir uns gern ersparrt hätten.*

Angefangen hatte diese Geschichte am Tag zuvor. Am kleinen Hafen auf einer Insel im indischen Ozean.

An diesem Hafen, an dem uns das Fischerboot ausgeladen hatte, kamen wir mit einem der Fischer ins Gespräch. Der kleine runde Mann gehörte zu den Menschen, die immer ein Lächeln auf dem Gesicht haben. Er sprach gutes Englisch, weil er als Jugendlicher bei einer Austauschfamilie in den USA gelebt hatte. Mit dieser Erfahrung sei er der Einzige auf der Insel, erzählte er uns. Dann fragte er, wo wir übernachten wollen. Wir erklärten, dass wir dafür in die freie Natur wollten.

Der freundliche Fischer fing an zu strahlen und erzählte uns von einer Eco-Lodge.

»It's all about nature!« Also genau das, was wir wollten.

Eine Stunde lang sind wir dann seiner selbst gezeichneten Straßenkarte gefolgt und kamen schließlich vor einem Stelzenhaus an, das in einen steilen Hang gebaut war. »Eco-Lodge« stand auf einem selbst bemalten Holzschild über der Tür, die schief in den Angeln hing.

Das Haus sah aus, als hätten sich Kinder eine Hütte gebaut. Gleich nebenan brannte ein Müllhaufen, Nachschub für das Feuer lag auf der Halde zwischen den Stelzen unserer Unterkunft. Ratten gruben sich durch die Abfälle, aber als unsere Gastgeberin auftauchte, wussten wir, dass wir für die kommende Nacht bleiben würden. Schließlich stand die Sonne schon tief über dem Horizont und das nächste Dorf war weit weg.

Während der kommenden Stunden lernten wir, dass die Bezeichnung »Eco-Lodge« kein geschützter Begriff ist, sondern reine Auslegungssa-

che. Genau wie die Beschreibung des Fischers:

»It's all about nature.«

Hier bedeutete »natürlich« vor allem, dass irgendwer mal dieses Haus gebaut, das Holzschild über den Eingang genagelt – und dann der Natur freien Lauf gelassen hatte. Nicht zu ihrem Schutz, sondern um wenig Arbeit und Ausgaben zu haben.

Die Treppen, die außen über die Bretter in die Zimmer führten, waren so marode, dass uns die Gastgeberin zu unserer Sicherheit lieber im Keller unter-brachte. Der wiederum war so feucht, dass es an manchen Stellen von der Decke tropfte. Es gab kein Licht, aber das war vielleicht auch besser so. In den Ecken und hinter den Schränken raschelte, knisterte und tapste es.

Am nächsten Morgen juckte es uns am ganzen Körper. Und als uns beim Frühstück eine Ameisenstraße über das Toastbrot lief, brachen wir schneller wieder auf, als wir es für möglich gehalten hätten.

Nächstes Mal hätte sie ein schöneres Zimmer für uns, versicherte die Gastgeberin eifrig. Ihre Familie verhandele nämlich gerade mit einem Geldgeber, um die Palmenplantage unten am Hang abzuholzen – und stattdessen ein großes Resort zu bauen. Das habe ihnen jemand aus einer großen Stadt geraten, der letztes Jahr zu Besuch war. Damit endlich viele Touristen kommen.

Die Top-10-Unterkünfte
für Klimabewusste

10 Im ehemaligen Pferdestall

Ein ehemaliger Pferdestall bietet heute Raum für Kreativität: Es gibt einen Co-Working-Space, Gästezimmer und die Cabins, kleine Hütten im Garten.

Gästehaus Terezas | Gutshof 3 | 16248 Lunow-Stolzenhagen, Deutschland | Preisklasse: Cabins ab 32 Euro für 2 Personen, Gästezimmer ab 46 Euro für zwei Personen pro Nacht

9 Ein Kokon im Baum

Hier hat jede Unterkunft ihre ganz eigene Geschichte, aber eines haben sie alle gemeinsam: Sie wurden, so gut es geht, um die Natur herum gebaut.

Terragora Lodges | Les Epesses | Vendée, Frankreich | Preisklasse: ab 140 Euro für bis zu 3 Personen pro Nacht

8 Eine Mühle mit Weitblick

Historische Mühle, die mit einem nachhaltigen Umbau aus dem Dornröschenschlaf geweckt wurde. In der oberen Etage gibt es zwei Ferienwohnungen.

Schamper Mühle | Röbeler Straße 4 | 17207 Gotthun, Deutschland | Preisklasse: zwischen 80 und 115 Euro für zwei Personen pro Nacht + 90 Euro Endreinigung

7 Im Felshaus hoch über dem Meer

Die Ausstattung der 300 Jahre alten Unterkünfte ist ökologisch effizient, in Asprospotamos werden nur erneuerbare Energiequellen verwendet.

Asprospotamos | Makrigialos Crete, Griechenland | Preisklasse: ab 40 Euro pro Cottage pro Nacht

6 Einmal selbst Kapitän sein

Die Betreiber der Hausboote Lahn haben sich Nachhaltigkeit auf die Fahnen geschrieben. Holz und Alu statt Plastik, Naturkosmetik, biologische Reinigung. Ihre Vision: Elektro- statt Benzinantrieb.

Yachthafen Hollerich | Schleuse Hollerich | 56377 Nassau/Lahn, Deutschland | Preisklasse: Ab 1.190 Euro für eine Woche pro (fahrtüchtigem!) Boot. An Bord haben bis zu vier Personen Platz.

Fußabdruck so klein wie möglich zu halten: regionale Lebensmittel, Öko-strom, Upcycling.
Baumpalast Rosenberg | Hütten-hof 5 | 73494 Rosenberg, Deutsch-land | Preisklasse: ab 135 Euro für 2 Personen pro Nacht

2 Ein Hotel aus Lehm, Hanf und Reis

Die Agrivilla ist baubiologisch reno-viert, die Wände bestehen aus Lehm, Hanf und Reishülsen. Gekocht wird, was saisonal im Garten wächst.
Agriturismo I Pini, Loc | Santa Marg-herita 37 | 53037 San Gimignano, Italien | Preisklasse: ab 181 Euro pro Person und Nacht mit Frühstück

1 Im Tiny House auf dem Weinberg

Ein nachhaltig gebautes Tiny House zwischen den Reben eines Weinguts. Geht es noch besser? Ja! Autark ist es auch noch.
Wohnwagon Karl | Wagramerstra-ße 10 | 3133 Wagram ob der Traisen, Österreich | Preisklasse: ab 90 Euro pro Nacht für 2 Personen

5 Spanischer Süden im Bayerischen Wald

Hier nächtigen Sie in einem von sieben kleinen Chalets. Das vegan-vegetari-sche Bio-Hotel ist klimapositiv und un-terstützt verschiedene Schutzprojekte.
7 Sentidos | Großbärnbacher Str. 50 | 94253 Bischofsmais, Deutschland | Preisklasse: ab 115 Euro pro Person (bei zwei Personen und mindestens zwei Nächten)

4 Leoparden retten beim Camping

Okonjima hat es sich vor dreißig Jahren zur Aufgabe gemacht, Leo-parden und Geparden in Namibia zu erhalten. Mit Erfolg! Das Reservat finanziert sich dank der Gäste.
Okonjima Nature Reserve | Namibia | Preisklasse: Campsite ab 35 Euro pro Person pro Nacht

3 Ein Baumhaus im Wald

Das Team des Baumhaushotels ar-beitet daran, den ökologischen

Wo **kann** ich **buchen?**

Wäre es nicht schön, wenn wir nachhaltige Unterkünfte für unsere Reiseziele mit ein paar Klicks finden und buchen könnten?

Das ist ein Wunsch, den über die Jahre immer mehr klimabewusste Reisende gehegt haben. Weil es bei den großen Buchungsportalen bislang aber keine Filterfunktion für nachhaltige Standards gibt, haben ein paar klimabewusste Reisende in der Zwischenzeit eigene Portale entwickelt.

Bei **www.bookitgreen.com** müssen Unterkünfte mindestens zehn von fünfzehn Nachhaltigkeitskriterien erfüllen. Das sind zum Beispiel Ökostrom, Bio-Lebensmittel, Müllvermeidung oder die Erreichbarkeit mit öffentlichen Verkehrsmitteln.

Aktuell ist der Suchradius bei **www.bookitgreen.com** auf Europa beschränkt. Wer auf anderen Kontinenten nach nachhaltigen Unterkünften sucht, wird auf **www.ecobnb.com** fündig. Hier spielen zehn Kriterien eine Rolle – welche die Unterkunft erfüllt, wird jeweils per Checkliste dargestellt.

www.goodtravel.de stellt handverlesene Unterkünfte vor. Und legt neben Nachhaltigkeitskriterien ebenso Wert auf soziale und kulturelle Aspekte.

Wer nicht nur eine nachhaltige Übernachtung, sondern ein Komplettpaket buchen möchte, kann sich bei der Reiseauswahl von **www.forumandersreisen.de** kaum entscheiden. Hier haben sich über 100 Reiseveranstalter zusammengeschlossen, die sich für nachhaltigen Tourismus engagieren. Ihre Vision: Reisen soll langfristig ökologisch tragbar sein. Auch soziale und ethische Standards spielen eine große Rolle.

5

Fortbewegen für KLIMABEWUSSTE

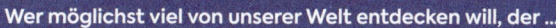

A   B

Wer möglichst viel von unserer Welt entdecken will, der ...

... nein, der reist nicht möglichst weit. Oder möglichst viel.
Sondern am besten langsam. Bilder werden erst zu Geschichten,
wenn wir genau hinsehen. Wie gut, dass Slow Travel gleichzeitig eine besonders klimabewusste Reiseart ist.

Der perfekte
Abreisetag

Zu verschenken

Womit kann ich die Menschen und Projekte, die ich vor Ort kennenlernen werde, unterstützen? Brauchen sie irgendetwas, was bei ihnen schwer zu bekommen ist? Zwei simple Fragen bringen Ideen für ein **gutes Gastgeschenk**.

Hallo, mein Name ist ...

Schon ein paar **Vokabeln in der Landessprache** sind ein Türöffner, der uns tiefer in die neue Kultur eintauchen lässt und für ein Lächeln beim Gegenüber sorgt. Versprochen!

Nicht mit leerem Magen

Damit ich mich nicht überstürzt mit ungesundem, in Plastik verpacktem Essen eindecken muss, nehme ich mir **für die Anreise genug zu essen und trinken** mit. Brotzeitdose und Flasche habe ich ja sowieso im Gepäck.

Wohnung im Winterschlaf

Nehmen Sie alle Geräte vom Netz, anstatt sie im Stand-by-Modus schlummern zu lassen, dann sparen Sie nicht nur Energie – sondern sogar bares Geld. 42 Euro durchschnittlich, wenn Sie vierzehn Tage im Urlaub sind, sagt die Deutsche Energie-Agentur.

Ankommen

Zeit zum Nichtstun

Das Gespür, das wir in den ersten Momenten nach unserer Ankunft für unser Reiseziel bekommen, wird uns den ganzen Urlaub lang begleiten. **Abwarten, Tee trinken und beobachten** ist deswegen wörtlich zu verstehen.

Wo will ich hin, wie komme ich an?

Währenddessen lohnt es sich auch, einen **Blick auf die Karte** zu werfen. Was ist mein erstes Ziel für heute? Vielleicht finde ich eins, das ich gut zu Fuß erreichen kann. Je langsamer wir starten, desto intensiver sind die Eindrücke am Wegesrand.

Das erste Date

Wenn wir privat nächtigen, ist das schon unsere erste Möglichkeit, um **ins Leben der Menschen vor Ort einzutauchen**. Ein bewährter Eisbrecher: die Frage nach dem Lieblingsrestaurant der Gastgeber. Je nach Kultur kann das sogar zu einem geselligen Abend führen.

Planlos geht der Plan los

Sich treiben lassen, sich einlassen: Oft sind genau das die Schlüssel, mit denen wir uns in unvergesslichen Situationen wiederfinden. Die Kalender-App schließen wir deshalb jetzt, stattdessen **folgen wir dem Rhythmus unseres Reiseziels**.

WUSSTEN SIE SCHON, ...

... dass 90 Prozent der Menschen noch nie ein Flugzeug von innen gesehen haben?

Das große
Verkehrsmittel-Ranking

10. Wahl
Die eigenen vier Räder

Manchmal geht's eben nicht anders: Wir bereisen ein Land mit dem eigenen Auto oder Mietwagen. Das gibt **weniger Gelegenheit für Bekanntschaften** und wir hinterlassen einen **größeren CO_2-Abdruck** – haben dafür aber mehr Flexibilität. Und immerhin die Möglichkeit, selbst eine Mitfahrgelegenheit anzubieten.

9. Wahl
Auf dem Beifahrersitz

Das eigene Auto oder ein Mietwagen kommen nicht infrage – Sie möchten aber trotzdem zu einem **abgelegenen Ort**, der mit öffentlichen Verkehrsmitteln nicht erreichbar ist? Eine Taxifahrt ist ein guter Kompromiss. Und Taxifahrer sind ja oft recht kommunikationsfreudige Mitmenschen.

8. Wahl
Eine Busfahrt, die ist lustig

In vielen Ländern ist der Bus das Verkehrsmittel erster Wahl. Für die Einheimischen ohnehin und damit auch für alle **Reisenden, die landestypisch unterwegs sein wollen**. Die Erfahrungen können, sagen wir mal, gemischt sein. Aber oft sind sie unvergesslich.

7. Wahl
Auf Schienen

Zugromantik, auf kurzen wie auf langen Strecken. Oder sogar nachts. Wer auf den Schienen unterwegs ist, hat viel **Zeit, das Land anzuschauen** und mit Mitreisenden ins Gespräch zu kommen. Es kann sich lohnen, *nicht* mehr Geld für eine gehobene Zug-Klasse zu investieren, wenn man authentisch ins Land eintauchen möchte.

6. Wahl
Mit ausge-
strecktem Daumen

Vorwärts kommen *und* gleichzeitig **neue Bekanntschaften schließen**, das ist möglich, wenn wir per Anhalter reisen. Entweder auf die bewährte und beinahe romantische Art mit ausgestrecktem Daumen und Pappschild am Straßenrand. Oder besser und sicherer auf die moderne Art, bei der wir unsere Mitfahrgelegenheit online organisieren.

5. Wahl
Mit gesetzten
Segeln

Wer umweltschonend für längere Strecken auf dem Wasser unterwegs sein will, der hisst am besten selbst die Segel oder geht bei einem erfahrenen Kapitän an Bord. **Segeln ist eine gute Fortbewegungsmöglichkeit für Regionen mit schlechten Verbindungen** über Land und kann auch eine individuelle Abenteuerreise werden.

4. Wahl
Das Ruder in
die Hand nehmen

Haben Sie schon mal an eine Mehrtagestour mit Kanu oder Kajak gedacht? **Wasserwandern ist eine eindrückliche Reiseart**, die in die Arme geht statt in die Beine. Der Natur kommen wir trotzdem genauso nah – und sehen sie vom Wasser aus mit anderen Augen.

3. Wahl
Fahrrad-Rikscha

Das Fahrrad soll es sein – aber ohne dass wir selber in die Pedale treten? Die Fahrrad-Rikscha oder Bodaboda ist als Verkehrsmittel besonders in Ostafrika verbreitet. Aber auch **in vielen Großstädten Zentralasiens**, zum Beispiel in Kathmandu/Nepal, und immer öfter auch in deutschen Städten.

2. Wahl
Im Sattel

Schneller als zu Fuß, aber langsam genug: Der Drahtesel ist eine Option für alle, die gerne ein paar Kilometer mehr zurücklegen, trotzdem aber aus eigener Kraft unterwegs sein möchten. **Der Natur und ihren Kapriolen sind wir dabei in jeder Hinsicht ausgesetzt**, aber nicht komplett auf uns allein gestellt.

1. Wahl
In Stiefeln

Wanderschuhe an, Rucksack auf und los geht's! Wer zu Fuß unterwegs ist, kommt der Natur, dem Land und den Leuten so nah wie möglich. **Wir haben Zeit, um zu staunen.** Und: Wer wandert, erfährt oft außerordentliche Hilfsbereitschaft und Gastfreundschaft.

Kuriose Verordnungen und Vorkommnisse

Wie heißt es so schön? Andere Länder, andere Sitten: in manchen Ländern sind unsere eigentlich so naheliegenden Pläne ein Ding der Unmöglichkeit …

Muskat, Oman
Kein Mietwagen für Frauen

Der **Oman gilt als fortschrittliches Land** der Arabischen Halbinsel – auch und vor allem, was die Rechte von Frauen anbelangt. Wer als Frau aber abseits der touristischen Route unterwegs ist und keine Inlandsflüge in Anspruch nimmt, könnte dennoch Probleme bekommen, einen Mietwagen zu leihen. Je nachdem, wer hinter dem Schalter steht.

Singapur
Trampen ist gesetzlich verboten

In Singapur ist das Fahren per Anhalter gesetzlich verboten. Punkt. Keine Ausnahmen. **Auch anderswo ist Trampen nicht uneingeschränkt**

erlaubt: in Österreich beispielsweise ist es auf Autobahnen und Schnellstraßen untersagt.

Johannesburg, Südafrika
Öffentlich unterwegs? Bloß nicht!

»Wer hier zu Fuß, mit dem Rad oder mit einem öffentlichen Verkehrsmittel unterwegs ist, kommt ziemlich sicher nicht lebend an.« So hat uns unsere Gastgeberin in Johannesburg begrüßt. **Die einzige Option, von A nach B zu kommen, ist das Taxi.** Besser noch: der eigene Mietwagen. Aber auch damit sollte man an roten Ampeln die Augen offen halten und keine Problembezirke ansteuern.

Denpasar, Bali
Zu Fuß ist zu gefährlich

Wer in Denpasar von einer Straßenecke zur nächsten will, der schwingt sich in der Regel auf den Roller, auch wenn die Entfernung noch so kurz ist. **Weil das alle so machen und es au-**

ßerdem keine Bürgersteige gibt, ist **Laufen tabu.** Wenn man nicht unter die Räder kommen will, hält man sich besser dran.

Ulan Bator, Mongolei
Wandern? Wieso das denn?

Als wir die mongolische Hauptstadt und ihre Aussichtshügel am Stadtrand zu Fuß erkundet haben, sind wir immer wieder angehalten worden und mussten Angebote für Taxifahrten ausschlagen. **Besser schlecht gefahren als gut gelaufen**, das scheint dort das Motto zu sein.

Burundi
Gefängnisstrafe für Gruppen-Wanderungen

Seit 2014 ist es im afrikanischen Burundi nicht mehr erlaubt, in Gruppen zu Fuß unterwegs zu sein. Dieses Verbot des Präsidenten geht auf die Bürgerkriegsgeschichte des Landes zurück. Das Gesetz ist derart streng, dass **Verstöße Gefängnisstrafen vorsehen**.

Helgoland, Deutschland
Fahrradfahren verboten

Fahrradreisende kommen auf Helgoland nicht weit – Radfahren ist auf der Insel aus Platzmangel nämlich nicht erlaubt. **Autofahren auch.** Was bleibt, ist also die klimafreundlichste aller Fortbewegungsarten: Helgoland lässt sich wunderbar zu Fuß erkunden.

Namibia
Ein Land ohne öffentliche Verkehrsmittel

Ein öffentliches Verkehrsnetz – das existiert in Namibia quasi nicht. Busse fahren nur auf wichtigen Hauptstrecken und sind nicht auf eine flächendeckende Beförderung von Touristen ausgelegt. Einen innerstädtischen Busverkehr gibt es nur in der Hauptstadt. **Was bleibt, ist der eigene Mietwagen.**

Iquitos, Peru
Eine Großstadt ohne Straßenanbindung

Iquitos ist mit knapp 400.000 Einwohnern die größte Stadt im peruanischen Regenwald. Und dennoch gibt es keine einzige Straße, die die Stadt im Amazonas mit dem Rest des Landes verbindet. **Iquitos ist nur per Flugzeug oder Boot zu erreichen.**

Was mache ich,
wenn ...?

... ich mir unsicher bin, ob ein Mitbringsel nachhaltig ist?

Der **Souvenirratgeber** der Umweltschutzorganisation *WWF* liefert einen Überblick, worauf wir achten sollten. Erhältlich als App für Android im *Google Play Store* und IOS im *App-Store*.

... ich zu Fuß oder mit dem Rad unterwegs bin und mich verletze?

Wer Wege abseits der Zivilisation plant und kaum Handy-Empfang haben wird, kann sich für Notfallsituationen entweder ein **Satellitentelefon** mieten (zum Beispiel bei www.satfon.de) oder einen GPS-Notfallsender mitnehmen.

... ich mich beim Trampen nicht mehr wohlfühle?

Sind wir per Anhalter unterwegs, dann **informieren wir am besten jemanden über Start und Ziel unserer Strecke**. Außerdem ist es ratsam, unser Gepäck nah bei uns zu haben, anstatt im Kofferraum. Dann können wir schneller aussteigen.

... wenn ich als Vegetarier*in oder Veganer*in nur Fleisch aufgetischt bekomme?

So weit muss es (zumindest in den meisten Ländern) gar nicht kommen: Die App *Happy Cow* ist bis dato die **größte Datenbank mit veganen und vegetarischen Restaurants**. Weltweit sind über 120.000 Adressen gelistet – und es werden täglich mehr. Unter www.veggie-hotels.de sind vegane und vegetarische Unterkünfte zusammengetragen.

... mein Couchsurfer oder Host die Übernachtung kurzfristig storniert?

Auf www.couchsurfing.com gibt es Sammelanfragen, die wir in solchen Situationen an alle verfügbaren Hosts rausschicken können. Auch andere Buchungsportale bieten **Filter zur Sofortbuchung**. Oder wir probieren es auf die altmodische Art und Weise und klopfen einfach an der nächsten Unterkunft an.

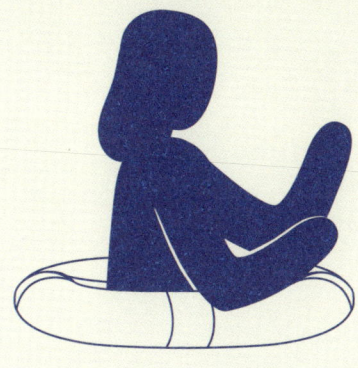

... ich in der Nebensaison in einer abgelegenen Region gelandet bin – und nicht mehr wegkomme?

Die Welt ist ein guter Ort – das merken wir oft umso mehr, wenn wir auf Hilfe angewiesen sind. In jeder Region leben **hilfsbereite Einheimische**, die uns zur Seite stehen. Und dann gibt es noch die sozialen Medien, etwa Facebook-Gruppen, die unter Namen wie *Deutsche in ...* oder *Reisen nach ...* zu finden und gute Anlaufstellen sind.

... ich mir unsicher bin, ob meine Kosmetikprodukte naturverträglich sind?

Mit der *CodeCheck-App* können wir Barcodes scannen und per Farbschema prüfen, ob oder wie **unbedenklich die Inhaltsstoffe sind**. So können wir Produkte meiden, die gesundheits- oder umweltschädliche Inhaltsstoffe enthalten.

... ich tagelang keinen Strom zur Verfügung habe und meine Akkus leer sind?

Eine kleine mobile **Powerbank oder ein Solarladegerät** verhindern, dass es überhaupt so weit kommt. Zusätzlich speichern wir unsere digitale Reisemappe am besten auch online ab – dann können wir von fremden Geräten auf die wichtigsten Dokumente zugreifen.

... ich mir unsicher bin, ob meine Unterkunft oder ein Projekt, das ich unterstützen möchte, nachhaltig agiert?

Das unabhängige Reiseportal www.fairunterwegs.org liefert eine gut erklärte Übersicht über die weltweit führenden **Labels für nachhaltigen Tourismus**:

www.fairunterwegs.org/
vor-der-reise/labelfuehrer

Aber, Achtung: Längst nicht alle, die die Kriterien erfüllen, sind bereits zertifiziert.

So reise ich mit dem
Grundnahrungsmittel
für meinen
Camping-Trip sicher

Gefriergetrocknete Nahrung in Pulverform ist *die* Lösung, mit der wir uns selbst versorgen können, wenn wir zu Fuß oder mit dem Rad unterwegs sind.

Den Tüteninhalt müssen wir nur mit kochendem Wasser aufgießen, die Beutel wiegen wenig, wir benötigen keinerlei weitere Zutaten, haben verschiedene Gerichte zur Auswahl und werden satt. Bei hiesigen Outdoor-Ausrüstern füllt dieses Sortiment ganze Regale.

Diese Art der Verpflegung funktioniert so lange gut, bis wir einem kritischen Grenzbeamten gegenüberstehen.

Dass Grenzbeamte bei Tüten mit feinem Pulver nicht entspannt bleiben, passiert vor allem, wenn sie selbst keinerlei Erfahrung mit Camping haben oder durch Sprachbarrieren nicht verstehen, worum es sich handelt.

Ob wir diese Grenze auf dem Land- oder auf dem Luftweg überqueren wollen, spielt hingegen keine Rolle.

Es empfiehlt sich, in wenigen Sätzen der jeweiligen Sprache erklären zu können, was genau in den Tüten steckt, und die Originalverpackung zu nutzen, anstatt Gerichte aus Gewichtsgründen umzufüllen. Sonst kann es passieren, dass wir auf der anderen Seite der Grenze plötzlich ohne unsere Grundversorgung für den Notfall dastehen.

6

Kommunizieren für KLIMABEWUSSTE

Reisen bedeutet Eintauchen in das Land und das Leben der Menschen, die wir treffen. Wir wollen von ihnen lernen, Eindrücke und neue Erkenntnisse mit nach Hause nehmen. Und mindestens genauso viel geben.

Die nächsten Seiten helfen dabei, mehr auszutauschen als die Fotos in einem Bilderwörterbuch.

Wen lerne ich
unterwegs kennen?

Was wären unsere Reisen ohne die Begegnungen? Sie wären mehr Kulisse als ein echter Einblick – so viel steht fest. Wer tiefer eintauchen will, kann das auf verschiedenen Wegen tun.

Guides & andere Naturführer
»Man sieht nur, was man weiß«, das hat schon Johann Wolfgang von Goethe gesagt. Deswegen empfiehlt es sich, sich ab und zu **Guides oder anderen Naturführern anzuschließen**, um Einheimische kennenzulernen, aber auch, um die Region mit ihren Augen zu sehen.

Andere klimabewusste Reisende
… oder Engagierte, die sich – genau wie wir – **länderübergreifend einsetzen** wollen.

10 %

20 %

Gastgeber*innen

Je individueller ich übernachte, desto größer ist die Wahrscheinlichkeit, dass ich mit meinen **Gastgebern persönlich ins Gespräch komme**. Hier können Freundschaften entstehen, die noch lange nach der Reise wachsen.

45 %

25 %

Aktivist*innen

Unterstützen wir NGOs oder andere Projekte für Umwelt-, Arten- oder Naturschutz, kommen wir leicht mit **Gleichgesinnten** in Kontakt. Zum Beispiel mit den **Einheimischen**, die hinter den Projekten stehen.

Hier kann ich **andere Klimabewusste** treffen

Ganz nebenbei

Im Gemeinschaftsraum der Unterkunft vorbeischauen ...

⭐ ... auf ein schnelles Getränk

... zum gemeinsamen Kochen

Die Gastgeber in ein Gespräch verwickeln ...

⭐ ... für ein paar Fragen zwischendurch

⭐ ... für ein gemeinsames Abendessen

Nach einem Treffen auf www.couchsurfing.com suchen

In einem belebten veganen Café

Für mehrere Tage

Die Gegend mit einem Local Guide erkunden

Ehrenamtlich ein gemeinnütziges Projekt unterstützen

Gemeinsam mit Gleichgesinnten weiterreisen

Den Aufenthalt verlängern, wenn wir uns mit unseren Gastgebern angefreundet haben

Als Tagesaktivität

An einem Rastplatz im Naturschutzgebiet verweilen

An einer Führung eines sozialen Projekts teilnehmen

Eine seriöse Auffangstation für gerettete (Wild-) Tiere besuchen

Sich einer Cleanup-Aktion anschließen ...

★ ... für diesen einen Tag

★ ... am nächsten Tag gleich wieder. Es gibt schließlich immer was zu tun.

Sich einer Entdeckung aus dem Angebot von Airbnb anschließen ...

★ ... um mit den Guides in Kontakt zu kommen

... als Gruppenerlebnis

Nicht alle Klimabewussten
ticken gleich

Unterwegs

Heilig's Blechle

Motorisierte Fortbewegung ist in vielen Ländern eine Selbstverständlichkeit, mehr noch: **ein Zeichen von Wohlstand**. Vielen fällt es deshalb schwer, davon abzurücken und öfter zu Fuß unterwegs zu sein. Wenn es schließlich nicht sein muss ...

Ein Taxi für alle

In vielen Ländern ist es weit verbreitet, nicht allein im Auto zu sitzen, sondern **Fahrgemeinschaften** zu bilden. Vor allem in Schwellenländern fahren oft mehr Menschen mit, als es Sitze gibt.

Beim Essen

Regional ist selbstverständlich

Obst von einem anderen Kontinent, Gemüse aus einer anderen Saison? Da ziehen Klimabewusste auf anderen Kontinenten oft verwundert die Augenbrauen hoch. Solche Optionen gibt es meist gar nicht, der **Anbau im eigenen Land ist selbstverständlich**.

Fleisch ist Luxus

Tierprodukte gelten gar nicht so selten als Luxus. Fleisch ist teuer und wird anderswo oft nur zu besonderen Anlässen aufgetischt. Frisch geschlachtet, versteht sich. Anschließend wird nicht nur das Filetstück, sondern **das ganze Tier verwertet**.

Beim Einkaufen

Plastik ist praktisch

So schnell können wir manchmal gar nicht gucken, schon ist unser Einkauf doppelt und dreifach in Plastik gewickelt. **Zu oft gilt Plastik als Verpackung als sehr praktisch** – fatal vor allem, wenn es im Meer landet.

Die Kleinen unterstützen

Discount-Supermarkt-Ketten? Davon sind Klimabewusste in anderen Ländern oft buchstäblich meilenweit entfernt. Stattdessen ist es selbstverständlich, **den kleinen Laden an der Ecke und die Bauern auf dem Wochenmarkt zu unterstützen** und das einzukaufen, was dort gerade angeboten wird.

Auf der Demo

In der Minderheit

Während auf den Fridays-for-Future-Demos in Europa, Amerika und Ozeanien Tausende Klimabewusste auf die Straße gehen, unterstützt von Musikern und den Medien, sind die **Aktivist*innen andernorts oft in der Minderheit**. Fousseny Traoré etwa, der die Fridays-for-Future-Bewegung in sein Heimatland Mali gebracht hat, steht lediglich mit einer paar Dutzend Unterstützer*innen

und selbst gemalten Pappschildern auf der Straße. Trotzdem freut er sich über jede Verstärkung, schließlich hat er ganz allein angefangen.

Sind wir das Problem oder die Lösung?

»In Deutschland gibt es ein ganz anderes Bewusstsein für Klimaschutz«, sagte mir eine Namibianerin. »Bei euch funktioniert das alles schon.« Das ist ein gängiges Bild der europäischen Länder und ihrer Klimapolitik und so sehen wir uns selbst auch gern.

Dem steht allerdings gegenüber, dass die reichsten **zehn Prozent der Weltbevölkerung für mehr als die Hälfte der CO2-Emissionen zwischen 1990 und 2015 verantwortlich sind**.

Darum nerven die anderen Klimabewussten

Die, die permanent urteilen

Wer kennt ihn nicht, den kritischen Blick von der Seite? Egal, was wir erzählen: **Kaum haben wir die ersten Silben ausgesprochen, schon geraten wir unter den Dauerbeschuss unseres klimabewussten Gegenübers.** Allerdings nicht mit konstruktiven Ratschlägen oder gut gemeinten Tipps, stattdessen mit viel Wenn und Aber. Ein gutes Gefühl gibt uns das leider selten.

Die, bei denen ich mich immer rechtfertigen muss

Ich war mit dem Auto unterwegs, nicht mit dem Zug. **Dafür habe ich gute Gründe – und die muss ich auch sofort liefern.** Mein Gegenüber gehört nämlich zu den Klimabewussten, bei denen wir uns permanent für alles und jedes rechtfertigen müssen.

Die, die alles toppen

Ich bin stolz! Weil ich eine neue Erkenntnis auf meinem Weg zu einem klimabewussteren Leben gewonnen habe oder schon die ersten Schritte in diese Richtung gegangen bin. Aber: Natürlich bin ich damit nicht alleine. Mehr noch: **Mein klimabewusstes Gegenüber macht das alles schon *längst*.** Und natürlich noch viel besser!

Die, die immer extremere Ansichten vertreten

Gut ist nie gut genug. Hier geht es nicht um die kleinen Schritte, die wir gehen, um zu einer besseren Welt beizutragen. Stattdessen **zählen ausschließlich Heldentaten.**

Diesem Typus der Klimabewussten können wir es nie recht machen. Sie sprechen nie über das, was gut funktioniert, sondern nur über alles andere, was besser laufen müsste.

WUSSTEN SIE SCHON, ...

... dass wir mit dem CO2-Rechner der Stiftung *Wilderness International* die **Emissionen unserer kompletten Reise berechnen** können? Das klappt für kurze Outdoor-Abenteuer wie für ausgiebige Expeditionen. Einbezogen werden unter anderem alle Verkehrsmittel, Übernachtungsarten, unsere Ernährung und der verursachte Müll. Anschließend haben wir die Möglichkeit, die verursachten Emissionen langfristig zu kompensieren.

PS: Wer in der Reiseplanung unsicher ist, kann schon im Vorfeld verschiedene Varianten durchrechnen. So hilft uns der CO2-Rechner, unsere Tour möglichst emissionsarm zu gestalten.

www.wilderness-international.org/
co2-rechner-outdoor-bereich

2019 zum Beispiel sind weltweit insgesamt 1,5 Milliarden Menschen als Touristen ins Ausland gereist. **Wenn jeder dieser 1,5 Milliarden Menschen nur eine nachhaltigere Reiseentscheidung getroffen hätte, wären wir jetzt einen großen Schritt weiter** – weil jede kleine Tat zählt. Und millionenfach erst recht ins Gewicht fällt.

zierten Denkansatz vermissen und so viele Puzzleteile des Großen und Ganzen außer Acht lässt.

Die, die gnadenloses Flightshaming betreiben

»Wer fliegt, macht die Welt kaputt!«

»Am besten sollten wir alle nie wieder ein Flugzeug besteigen, dann wäre alles gut!«

Ja, auch solche Aussagen gehören zum Wissensschatz mancher Klimabewussten. Und die fallen noch viel zu oft. **Das ist Schwarz-Weiß-Denken in Reinkultur**, das jeden differen-

Emissionen kompensieren:
Der Weg aus der Diskussion

Emissionen kompensieren? Das sorgt für Zündstoff bei vielen Diskussionen, auch unter klimabewussten Reisenden.

Moderner Ablasshandel, schimpfen die einen. – *Ein zeitgemäßer Kompromiss,* meinen die anderen.

Fakt ist: **Kompensation holt nicht die Emissionen zurück, die wir in die Atmosphäre geschossen haben.** Sie macht nichts ungeschehen und ist alles andere als ein Freifahrtschein. Immerhin darin sind sich die meisten schnell einig. Ein Aber gibt es trotzdem: Die Emissionen zu kompensieren, die wir – nach reiflicher Überlegung und mit guten Gründen – nicht vermeiden können, leistet definitiv einen wichtigen Beitrag zu nachhaltigerem Reiseverhalten.

Es kommt allerdings darauf an, *wie* wir kompensieren. Am besten nämlich über Organisationen, die den **dauerhaften Schutz sensibler Regionen** gewährleisten oder den ökologischen Umschwung langfristig fördern. Mein persönlicher Tipp hierfür ist die Stiftung *Wilderness International,* die schützenswerte Flächen (aktuell Regenwälder in Peru und Kanada) per Grundbucheintrag kauft und so ihren permanenten Schutz garantieren kann. Mit ihrem Engagement im Bereich Umweltbildung arbeitet *Wilderness International* außerdem darauf hin, die Dringlichkeit solcher Schutzmaßnahmen in der Gesellschaft zu verbreiten. Hier geht es nicht darum, mal eben einen Baum in die ausgetrocknete Steppe zu stellen und ihn dann nie zu wässern – sondern darum, sich für intakte Natur mit Perspektive einzusetzen. Der Schutz dieser intakten Natur ist es, der eine entscheidende Rolle im Kampf gegen Klimawandel und Artensterben spielt.

Wie sonst, wenn wir von klimabewusstem Reisen sprechen, **gibt es auch in Sachen CO2-Kompensation kein Schwarz oder Weiß**, nicht die eine richtige und die andere falsche Position. Vielmehr geht es um ein komplexes Thema, bei dem es gilt, mit Bedacht zu handeln und einen gesunden Mittelweg zu finden. Schließlich haben wir alle dieselbe Vision: die Welt und ihre Schönheit zu wahren.

7

Aktivsein für KLIMABEWUSSTE

Woran erinnern Sie sich, wenn Sie an eine Reise zurückdenken?

An die besonderen Erlebnisse, nicht wahr? Sie sind es doch, die unsere Reisen unvergesslich machen.

Im folgenden Kapitel finden Sie Anregungen, mit welchen Aktivitäten Sie bleibende Erinnerungen schaffen werden.

Welcher **Freizeittyp** bin ich?

Beantworten Sie die folgenden Fragen und kreuzen Sie die passende Antwort an:

1 Dieser Gedanke lässt mich morgens sofort aus dem Bett springen:

a   Eine Wanderung! Dafür stehe ich locker schon vor Sonnenaufgang auf. **15 Punkte**

b   Eine Ausstellung, ein Museum, ein Markt. Hauptsache, ich tauche in neue Kulturen ein. **10 Punkte**

c   Das beste Gefühl nach einem langen Tag habe ich, wenn ich dazu beitragen konnte, ein besonderes Projekt voranzubringen. Dann freue ich mich abends schon auf den nächsten Morgen. **5 Punkte**

2 Wenn ich nur ein paar Schuhe im Gepäck haben dürfte, dann wären das ...

a   bequeme Schuhe mit einem guten Profil. Die dürfen auch nach kilometerlangen Erkundungsspaziergängen keine Blasen machen. **15 Punkte**

b   Sneakers. Gut aussehen müssen sie schon, aber bequem sollen sie sein. Ein Mix aus Kleiderordnung und Stadtbummel. **10 Punkte**

c   auf keinen Fall neue! Bei meiner Arbeit kann ich keine Rücksicht auf Verluste nehmen. **5 Punkte**

3 Welche Tage sind mir von meinen bisherigen Reisen besonders in Erinnerung geblieben?

a   Auf jeden Fall die, die ich irgendwo draußen verbracht habe. **15 Punkte**

b   Solche, die ich mit Einheimischen verbracht habe. Oder der, an dem ich an einem traditionellen Kochkurs teilnehmen konnte. **10 Punkte**

c   All die Tage, an denen wir mit unseren Umwelt- und Artenschutzprojekten Erfolg hatten! **5 Punkte**

4 Wenn ich mich entspannen will, dann gehe ich ...

a   ... nach draußen. Je länger, desto besser. **15 Punkte**

b   ... ganz gemütlich durch ein Museum oder über einen Markt. **10 Punkte**

c   ... unter Gleichgesinnte, die sich engagieren. **5 Punkte**

5 Mein Lieblingsbild in der Wohnung zeigt mich ...

a ... in einem Nationalpark, die Arme weit ausgebreitet. Freiheit pur! **15 Punkte**

b ... im Sari vor einem hinduistischen Tempel. **10 Punkte**

c ... bei der Nachtwache vor einem Schildkröteneier-Nest an der mexikanischen Küste. **5 Punkte**

6 Wobei vergesse ich die Zeit am schnellsten?

a Unter freiem Himmel. **15 Punkte**

b Im Menschen-Gewusel. Je bunter, desto besser. **10 Punkte**

c Wenn ich weiß, dass ich meinen Tag sinnvoll verbringe. **5 Punkte**

7 Worum drehte sich die letzte Dokumentation, die ich mir angesehen habe?

a Das war ganz sicher eine Folge von Terra X. **15 Punkte**

b Es ging um eine der ältesten Volksgruppen der Welt: Die San leben noch heute in traditionellen Siedlungen im südlichen Afrika. **10 Punkte**

c Es ging um die Arbeit eines Teams, das für die Aufforstung des Amazonas-Regenwalds kämpft. Das hat mich richtig gepackt! **5 Punkte**

Auflösung

105–95 Punkte
Der Naturtyp

Wir brauchen nicht lange drumherum reden: Am wohlsten fühlen Sie sich draußen. Wandern, Radfahren, Paddeln. Hauptsache Natur!

90–65 Punkte
Der Kulturtyp

Museen, Ausstellungen, Märkte, Begegnungen – Ihre Liste für unvergessliche Unternehmungen auf der nächsten Reise ist lang. Sie suchen vor allem eines: einen tiefen Einblick in die Kultur der Einheimischen.

60–35 Punkte
Der Helfer*innen-Typ

Keine Frage: Sie sind am glücklichsten, wenn Sie andere glücklich machen können. Deshalb überlegen Sie nicht, wohin Sie als Nächstes reisen, um sich dann dort zu engagieren. Sondern Sie recherchieren, wo Ihre Hilfe gerade am dringendsten benötigt wird.

Die **besten Aktivitäten**
für den Naturtyp, den Kulturtyp und den Helfer*innen-Typ

	Naturtyp	Kulturtyp	Helfer*innen-Typ
Eine (Mehr-)Tageswanderung unternehmen	★★★★★ Volltreffer! Besser geht's nicht.	★★☆☆☆ Liegen spannende Orte auf dem Weg?	★☆☆☆☆ Nur nicht zu viel Zeit verschwenden!
Räder ausleihen und die Gegend im Sattel erkunden	★★★★★ Fahrtwind = Freiheit	★★★★☆ Schnell vom Markt zum Museum!	★★★☆☆ Am liebsten als Gemeinschaftstour
Die halbe Nacht lang Sterne beobachten	★★★★★ Nachts ist die Welt eine andere.	★★★☆☆ Aber erst, wenn das Konzert zu Ende ist.	★★☆☆☆ Morgen muss ich aber früh raus!
An einem traditionellen Kochkurs teilnehmen	★★☆☆☆ Dann muss ich draußen immer auf die Uhr schauen.	★★★★★ So schmeckt die Welt!	★★★★☆ Hoffentlich schmeckt es uns allen.
Per Couchsurfing in einem echten Zuhause übernachten	★★★★☆ Gastgeber kennen oft die schönsten Plätze.	★★★★★ Authentischer geht's nicht!	★★★★★ Eine tolle Möglichkeit, den Einheimischen etwas zurückzugeben.

A llein in der Natur, unter Gleichgesinnten oder eingebunden ins Leben der Einheimischen: Wir wissen jetzt ganz genau, wonach wir auf Reisen suchen. Und haben erste Ideen, welche Erlebnisse uns das breiteste Grinsen ins Gesicht zaubern.

Für neue Einfälle und den Blick über den Tellergrand lohnt es sich, auf dieser Doppelseite zu verweilen.

★★★★★ Wenn der Zeltplatz nicht so weit weg wäre ...	★★★★★ Yeah! Neue Musikrichtungen!	★★★★★ Tolles Gemeinschaftsevent nach getaner Arbeit	**Ein Konzert einheimischer Künstler*innen besuchen**
★★★★★ Natur ist am schönsten, wenn sie sauber ist.	★★★★★ Toller Kontakt zu einheimischen Aktivist*innen	★★★★★ Der sichtbare Erfolg macht richtig glücklich.	**Sich einer Cleanup-Aktion anschließen**
★★★★★ Den ganzen Tag draußen, aber keine Zeit zum Erkunden	★★★★★ Unter Einheimischen, doch meist arbeiten alle für sich	★★★★★ Eine Win-win-Situation vom Feinsten!	**Wwoofing: auf einer Bio-Farm gegen Kost und Logie mitarbeiten**
★★★★★ Oft eine tolle Möglichkeit, von Expert*innen zu lernen	★★★★★ Gute Sache, mit der Zeit vielleicht etwas langweilig	★★★★★ Es gibt nichts Besseres!	**Ein Projekt mit Freiwilligenarbeit unterstützen**
★★★★★ Kaum Tourismus = unverfälschte Landschaften!	★★★★★ Authentischer geht's kaum. Das Angebot an Aktivitäten ist aber begrenzt.	★★★★★ Die unterstützen, die viel zu wenig Aufmerksamkeit bekommen	**In eine Region reisen, in der es kaum Tourismus gibt**

Nachtleben
für Klimabewusste

Der Puls der Welt schlägt nachts in einem anderen Rhythmus. Manche Städte erwachen erst zum Leben, wenn die Sonne den Tag verabschiedet hat. Und die Natur zeigt sich von einer neuen, geheimnisvollen Seite.

Nun sind wir nicht alle Nachteulen, dennoch gibt es gute Gründe, ab und an länger durchzuhalten – und unser Reiseland in den Stunden zu erleben, in denen die Uhren anders zu ticken scheinen.

Aufbleiben lohnt sich. Auch für die, die beim Gedanken daran schon müde werden. Versprochen!

Naturtyp

★ **Gutes Essen** nach einer langen Wanderung – was gibt es Besseres? Je kleiner das Lokal, desto größer die Chance auf einen Plausch mit den Betreibern.

★ Ein gemütlicher **Abend am Lagerfeuer** kann gerne mal die ganze Nacht lang dauern. Sternegucken inklusive.

★ Draußen zu Hause? Das klappt mit einer **Nacht im Zelt** oder mit Schlafsack unter freiem Himmel, wenn die Region es zulässt.

★ Nachts ist die **Lieblingswanderung** doppelt so spannend.

★ Kleine Safari gefällig? In manchen Regionen lohnt sich ein Ausflug mit einem Guide oder der Besuch einer Beobachtungsstation nachts besonders. Der **Nightdrive ist nicht nur in afrikanischen Ländern beliebt**, sondern auch in Nordeuropa, wenn es um Bärenbeobachtung geht. Oder im bayerischen Wald, buchbar über die Nationalpark-Verwaltung.

Kulturtyp

★ Wie wär's mit dem Konzert einer **einheimischen (Nachwuchs-) Band**? Eventtipps gibt es über die Tourismusverbände oder bei Facebook-Veranstaltungen.

★ Ein **Tanzkurs** bietet eine unterhaltsame Möglichkeit, mit Schwung in die Traditionen des Reiselandes einzutauchen. Neue Bekanntschaften inklusive.

★ Oder darf es etwas ruhiger zugehen? Wenn (Reise-)Liebe durch den Magen geht, verlieben wir uns in Land und Leute bei einem **traditionellen Kochkurs** garantiert.

★ Im Reiseland wird Wein angebaut? Welche Sorten es gibt, erfahren wir bei einer **Weinprobe**. Gleichzeitig haben wir die Möglichkeit, kleine lokale Winzer zu unterstützen.

★ Ein **Nachtmarkt** ist ein besonders magisches Erlebnis. Wir kommen leicht mit Einheimischen ins Gespräch, oft gibt es zwischen den Ständen Musik- und Tanzeinlagen.

Helfer*innen-Typ

★ In manchen Regionen ist ein besonderer Einsatz gefragt, wenn die Dunkelheit einsetzt. Zum Beispiel **Nachtwachen** oder Patrouillen zum Schutz vor Wilderern.

★ Gibt's in der Nähe ein **Charity-Event**? Falls nicht: Vielleicht können wir uns ja mit anderen zusammentun und selbst spontan etwas zugunsten der Lieblingsorganisation veranstalten.

★ Wie wäre es mit einem **Kochabend** für das ganze Helferteam? In der entspannten Atmosphäre entstehen Ideen für neue Projekte und Aktionen wie von selbst.

★ Schöner kann Teambuilding kaum sein: Bei einem **Abend am Lagerfeuer** kommen wir mit anderen Aktivist*innen ins Gespräch und lernen so neue Gleichgesinnte kennen.

Ein Tag
auf Reisen von ...

Sonnenaufgang	Längst unterwegs
8 Uhr	Draußen ist noch nicht viel los.
9 Uhr	Zeit für ein **zweites Frühstück**
10 Uhr	
11 Uhr	Die **Erkundungstour** geht weiter.
12 Uhr	
13 Uhr	Den idyllischen **Pausenplatz**
14 Uhr	ausgiebig genießen
15 Uhr	
16 Uhr	**Naturführung** mit dem Park-Ranger
17 Uhr	Zurück in der Unterkunft
18 Uhr	**Getränke** für Sonnenuntergang besorgen
Sonnenuntergang	Den **Aussichtshügel** erklimmen
20 Uhr	
21 Uhr	Doppelte Portion beim **Abendessen**
22 Uhr	Nichts wie ins Bett
Nacht	
1 Uhr	*Tiefschlaf*

Dafür war der Abend zu lang.	Los geht's! Es gibt viel zu tun.
Lieber noch einmal umdrehen	Schnelles **Frühstück unterwegs**
Gemütlich **frühstücken**	
Über den **Markt schlendern**	**Ehrenamt** in vollem Gange
Snacks und **Stadtführung**	**Mittagessen** mit dem Helferteam
	Die letzten Handgriffe
Auf einen Sprung ins **Museum**	
	Das **Cleanup** startet.
Zum neuen **Couchsurfing-Host** umziehen	
An einem **Kochkurs** teilnehmen	Umzug auf die **Wwoofing-Farm**
Oh, schon dunkel?	Was für ein erfolgreicher Tag!
Der Kochkurs geht weiter	**Abendessen** mit den Gastgebern
	Einweisung für morgen
Auf dem **Konzert** einer lokalen Band	Nichts wie ins Bett
	Schlafen
Nichts wie ins Bett	

Die drei **ultimativen Bucket-Lists**
für Klimabewusste

SIE MÖCHTEN MEHR DARÜBER ERFAHREN, ...

... wie Freiwilligenarbeit auf der ganzen Welt funktioniert? In der Rubrik »Zum Weiterlesen« haben wir ab Seite 92 wichtige Tipps und hilfreiche Links zu den hier vorgeschlagenen Projekten gesammelt.

Unvergessliches Engagement

☐ **Ol Pejeta Conservancy, Kenia**
Jahrzehntelanges Engagement für den Schutz der Nashörner und anderer Wildtiere.

☐ **EcoTraining, südliches Afrika**
Der Fokus der Safaris liegt auf dem sensiblen Ökosystem und seinem Schutz. EcoTraining betreibt außerdem Aufklärungsarbeit bei der Bevölkerung.

☐ **Bergwaldprojekt, Deutschland**
Eine Umwelt- und Naturschutzorganisation, die sich mit Unterstützung von Freiwilligen für den Erhalt heimischer (Berg-)Wälder einsetzt.

☐ **Bangkok elephant care Sanctuary, Thailand**
Eine Auffangstation für gerettete Elefanten. Engagiert sich gegen Tierhaltung für touristische Zwecke.

☐ **Batu Kapal Conservation, Indonesien**
Ein Schutzgebiet auf Sumatra, das sich für Orang-Utans einsetzt und Einheimische sensibilisiert.

☐ **Cleanup Community, weltweit**
Ein Netzwerk für alle, die sich bei gemeinsamen Aktionen für eine saubere Welt engagieren wollen.

☐ **Wolfs- und Luchsforschung, Slowakei**
In Liptau setzt *Natucate* Freiwillige ein, um in Zusammenarbeit mit Wissenschaftlern Artenschutzmaßnahmen zu erproben.

Shuar Amazonas, Ecuador

Das *Rainbow Garden Village* vermittelt Freiwillige zum indigenen Volk der Shuar. Es geht um den Schutz ihrer Heimat vor Abholzung.

WWF Kanutour, Deutschland

Der *World Wide Fund For Nature* bietet in Deutschland Erlebnistouren an. Zum Beispiel eine Paddelreise auf dem Altrhein. Dabei lernen wir viel über die Natur und unterstützen die Arbeit der Umweltstiftung.

Pro Natura, Schweiz

Die älteste Naturschutzorganisation der Schweiz pflegt gemeinsam mit Freiwilligen die Naturschutzgebiete.

Europa-Spezial

Zwillbrocker Venn, Deutschland

Das Naturschutzgebiet ist der weltweit nördlichste Brutplatz für Flamingos.

Wolfcenter Dörverden, Deutschland

Im niedersächsischen Wald leben Wölfe. Das Wolfcenter dient als Auffangstation, um Wölfe zu schützen und über sie aufzuklären.

Adlerweg, Österreich

Eine Alpenlandschaft wie aus dem Bilderbuch erleben wir, wenn wir auf dem Adlerweg das Karwendelgebirge durchqueren.

Whale and Dolphin Conservation, Spanien

Auf Teneriffa bietet uns die weltweit agierende Organisation GVI die Möglichkeit, aktiv am Wal- und Delfinschutz mitzuarbeiten.

☐ Die Interrail-Europatour

Mit nur einem Zugpass können wir über 40.000 Bahnhöfe ganz Europa entdecken. Die Route bestimmen wir selbst.

☐ Laugavegur, Island

Auf dem »Weg der heißen Quellen« erkunden wir Island zu Fuß. Der wilden Natur kommen wir so nah wie möglich.

☐ Masurische Seenplatte, Polen

Dichte Wälder und über 3.000 Gewässer bilden ein Labyrinth aus Wasser. Die Natur ist beinahe im Urzustand und die Möglichkeiten für Paddeltouren scheinen unendlich.

☐ Die letzte Wildnis, Schweden

Die nördlichste Region Schwedens gilt als letzte Wildnis Europas. Hier erleben wir unberührte Natur abseits der Zivilisation.

☐ Inselhopping mit dem Rad, Dänemark

Der inselreiche Süden Dänemarks trägt den Spitznamen »dänische Südsee«. Am besten erkunden wir die Region auf dem Ostsee-Radweg.

☐ Echten Winter erleben, Lappland

Meterhoher Schnee, Polarlichter, Rentiere: Nördlich des Polarkreises sind die Wintermonate arktisch.

Zu Fuß auf Reisen

☐ Peaks of the Balkans, Albanien

2016 angelegt, verbindet der Wanderweg Albanien, den Kosovo und Montenegro.

☐ West Highland Way, Schottland

Auf 154 Kilometern führt er durch die sagenhafte Landschaft Schottlands – und beginnt ganz in der Nähe der Hafenstadt Glasgow.

Haute Route,
Frankreich und Schweiz

Sie durchquert die Walliser Alpen und die Pässe des Mont Blanc. Die Walkers Haute Route kommt ohne Gletscherquerungen aus.

Manaslu Circuit,
Nepal

Am Fuße des achthöchsten Bergs der Welt führt der Manaslu Circuit durch die Hochebene des Himalaya.

Snowman Trek,
Bhutan

Auf einer Höhe von 4.000 bis 5.000 Metern zieht sich der Snowman Trek durch die Gipfelwelt des Himalaya. Herausfordernd und wunderschön!

Torres del Paine,
Chile

Willkommen in einer der bekanntesten Landschaften Patagoniens: unterwegs zwischen den Granittürmen *Torres del Paine* im gleichnamigen Nationalpark.

Great Trail,
Kanada

Auf 24.000 Kilometern verbindet er die Ostküste mit der Westküste Kanadas. Und ist damit der längste Fernwanderweg der Welt.

Pembrokeshire Coast Path, **Wales**

Er folgt der Steilküste und bietet atemberaubende Ausblicke auf die Irische See.

Arctic Circle Trail,
Grönland

160 Kilometer pure Wildnis. Der ACT führt durch das grönländische Hinterland bis zur Küste durch arktische Vegetation.

Transcaucasian Trail,
Georgien

Als recht neuer Fernwanderweg ist der Transcaucasian Trail noch in Arbeit. Die Vision: auf 3.000 Kilometern den Kleinen und Großen Kaukasus grenzübergreifend zu verbinden.

8

Heimkommen für KLIMABEWUSSTE

Der schwierigste Part einer Reise ist meist die Rückkehr. Und die größte Kunst? Die größte Kunst ist es, möglichst langsam anzukommen. Sich nicht gleich in den Alltag zu stürzen – stattdessen die neuen Erfahrungen zu sortieren und all die Eindrücke als Botschafter oder Botschafterin nach Hause zu bringen.

Checkliste
für die Abreise

Das Reisetagebuch füllen

Irgendwann werden wir uns darüber freuen, dass wir all die neuen Erlebnisse, Erkenntnisse und Geschichten aufgeschrieben haben, als sie noch frisch waren. Am besten füllen wir also unser Reisetagebuch, bevor die Reise zu Ende geht. Sind wir erst zu Hause, gerät vieles schnell in Vergessenheit.

Sachen spenden, die ich missen kann

Jetzt bietet sich die letzte Gelegenheit, Dinge zu verschenken, die wir nicht wieder mit nach Hause nehmen müssen oder leicht neu beschaffen können: den Mückenschutz, der über den Winter sein Haltbarkeitsdatum überschreiten wird, übrige Camping-Gaskartuschen, Lebensmittel oder Kosmetik.

Sondermüll wieder einpacken

Mancher Sondermüll, zum Beispiel Batterien oder leere Deo-Dosen, kann nicht in allen Ländern richtig entsorgt werden. Diese Extra-Gramm deshalb am besten erst zu Hause aussortieren.

Lieb gewonnene Projekte bewerben

Besonders private Gastgeber, kleine Projekte und neue Aktionen haben es oft schwer, herauszustechen. Sie sind umso mehr auf unsere Unterstützung angewiesen: Mundpropaganda, Online-Bewertungen, Social-Media-Werbung.

Eine eigene Petition starten

Manchmal werden wir Zeugen von sozialen oder ethischen Missständen. Das kann Tierquälerei als Touristenattraktion sein, aber auch die Bedrohung von Natur- oder Wohngebieten, weil Investoren nichts als Profit im Sinn haben. In solchen Fällen dürfen – nein, sollten wir – selbst aktiv werden. Der erste Schritt könnte sein, eine Petition zu starten. Das geht zum Beispiel auf www.change.org, der weltweit größten Plattform für Online-Aktivismus.

Reise-Emissionen kompensieren

Ein schöner Abschluss der nachhaltigen Reiseplanung: alle entstandenen Emissionen kompensieren. Und zwar nicht nur, wenn ein Flug Teil der Reise war, sondern auch, wenn wir viele Kilometer mit anderer Motorkraft zurückgelegt haben.

Die **besten Souvenirs**
für Gleichgesinnte

★ Der Lieblingstee

Am schönsten ist es doch, wenn wir mit unserem Mitbringsel **ein Gefühl teilen, das wir mit unserer Reise verbinden**. Zum Beispiel die ruhigen Minuten am Morgen in der Natur oder auf einem schönen Balkon, als wir unseren Tee geschlürft haben. Ein Päckchen des Tees zusammen mit einem Foto unseres liebsten Ausblicks schafft einen ganz persönlichen Reiseeinblick.

★ Der Geschmack der Reise

Wer die nationalen Gerichte nicht kennt, der kennt auch das Land nicht richtig. **Laden wir doch die Daheimgebliebenen auf einen Kochabend ein,** für den wir uns auf der Reise mit ein paar landestypischen Gewürzen und Rezepten eindecken! Die besten Zutaten gibt's auf dem Markt.

★ Der Duft der Reise

Man sagt, unser Geruchssinn ist der, der dem Gedächtnis am nächsten ist. Anders als Eindrücke, die von anderen Sinnen aufgenommen werden, werden Gerüche ungefiltert ans Gehirn weitergeleitet. **Gerüche lösen deswegen auch nach vielen Jahrzehnten noch Erinnerungen aus.** Wie wäre es also mit dem *Duft unserer Reise* als Mitbringsel? Räucherstäbchen, Öle, getrocknete Heilpflanzen sind Teil vieler Kulturen.

★ Traditionelles Handwerk

Kleine Schnitzereien, Töpferwaren und Keramik, Teppiche, Decken, kleine Skulpturen: Die Liste an traditionellem Handwerk, das mit vielen Kulturen eng verwurzelt ist, ist endlos. Meist tummeln sich die Künstler auf Märkten oder in besonders kreativ angehauchten Stadtvierteln. Bei ihnen bekommen wir nicht nur au-

thentische Souvenirs – sondern **unterstützen mit unserem Kauf auch lokale Künstler und ihre Familien**.

★ Kleidung & Schmuck

Die Märkte Afrikas, Asiens, Mittel- und Südamerikas sind ein Meer aus knallbunten Stoffen, Schals und Kleidern. Und Schmuck. Überall hängt Schmuck. **Diese Andenken sind so bunt wie die jeweilige Kultur selbst** – und die Auswahl meist so groß, dass wir einen Verkaufsstand aussuchen können, dessen Produkte von den Menschen in der Region hergestellt wurden. Wichtig ist, dass wir nichts aus Elfenbein, Leder oder Materialen kaufen, die von wildlebende Tieren oder Pflanzen stammen. Aber wem sage ich das?

★ Ein Gruß live von der Reise

Was ist authentischer als ein Gruß, den wir noch unterwegs abschicken?

Das kann eine selbstgemachte Postkarte sein – oder eine digital gestaltete, wenn wir unseren Brief nicht um die halbe Welt schicken wollen. Online gibt es verschiedene Anbieter, bei denen wir unsere Postkarte digital mit eigenen Motiven gestalten können. Gedruckt und verschickt wird sie dann von Deutschland aus. Diesen Service bietet zum Beispiel die Deutsche Post an.

★ Engagement verschenken

Eins der gemeinnützigen Projekte, das wir auf unserer Reise besucht haben, hat uns so überzeugt, dass wir es weiterhin unterstützen wollen? Manchmal können wir dieses Engagement sogar verschenken: zum Beispiel in Form einer **Patenschaftsurkunde**. Ein Mitbringsel, von dem viele profitieren.

Auspacken
für Klimabewusste

Brotzeit-Box
gefüllt mit
Gewürzen und Tees

Einkaufsbeutel mit handgemachten Souvenirs: Der letzte Einkauf im Reiseland ist meist der schönste: Jetzt können wir uns über eine ganze Tasche mit Mitbringseln freuen.

Das Lieblingsgetränk: Dieses eine Getränk, mit dem wir so viele Reisemomente verbinden: Davon haben wir eine Flasche mit nach Hause genommen. Um Platz zu machen, haben wir andere Mitbringsel und Ausrüstung, die vor Ort nicht zu bekommen ist, verschenkt.

Bildwörterbuch

Ohne
Wörter

Nummern neuer Gleichgesinnter

WUSSTEN SIE SCHON, …

… dass eine Plastikflasche rund 450 Jahren braucht, bis sie sich im Meerwasser vollständig zersetzt hat? Als Mikroplastik treibt sie dann aber immer noch durch die Ozeane…

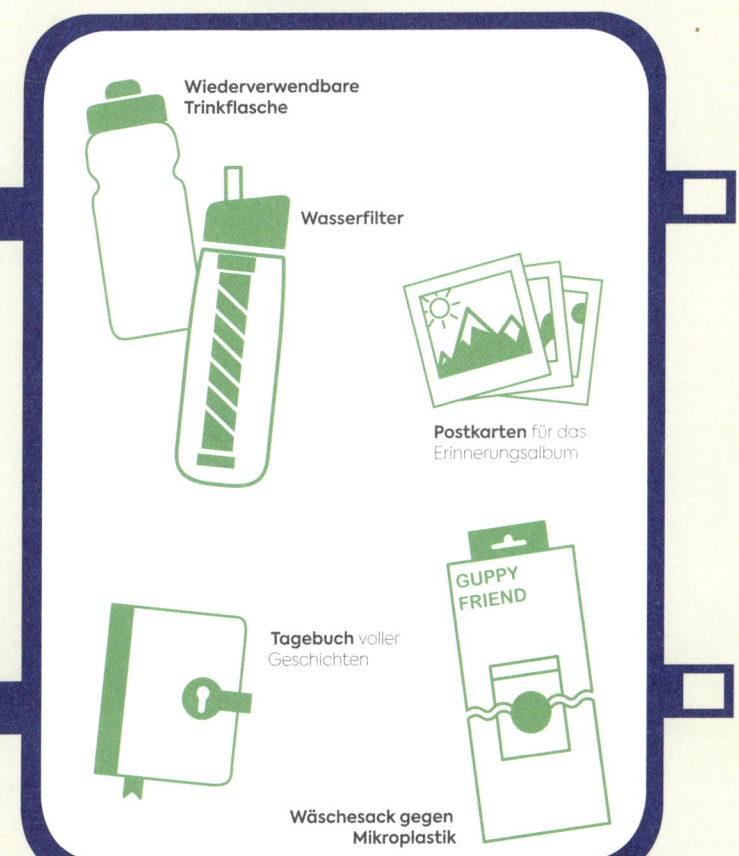

Wiederverwendbare Trinkflasche

Wasserfilter

Postkarten für das Erinnerungsalbum

Tagebuch voller Geschichten

GUPPY FRIEND

Wäschesack gegen Mikroplastik

Mein
Erinnerungsalbum

Meine Reise führte mich nach ...

Drei Dinge, für die ich losgezogen bin

Drei Dinge, die ich gefunden habe

Begegnungen, die mich inspiriert und zum Nachdenken gebracht haben

Meine liebsten gemeinnützigen Projekte vor Ort

Momente, die ich niemals vergessen werde

Zitate, die ich nicht vergessen will

Ich hätte nie gedacht, dass ...

So habe ich mich vor Ort engagiert

Meine Reise-Emissionen habe ich kompensiert über ...

Habe ich der Welt mehr gegeben, als ich von ihr bekommen habe?   Ja   Nein

9

Letzte Dinge
für
KLIMABEWUSSTE

Wenn ich **nicht verreisen** kann

Das Fernweh hat uns gepackt, aber die nächste Reise ist noch weit weg?

Kein Problem, wenn wir wissen, wie wir die Zeit bis dahin in unvergessliche Momente verwandeln. Ein gut genutztes Wochenende hilft, um vom Warte- in den Reisemodus zu wechseln. Und der beginnt schon vor unserer Haustür.

Bereit? Mittwoch, Donnerstag, Freitag, los!

Samstag

Sonnenaufgang Warum krabbeln wir auf Reisen eigentlich oft so früh aus dem Bett, um den Tag beim Aufwachen zu beobachten? Und zu Hause machen wir das viel zu selten. Heute ist das anders.

8:00 Uhr Wir sind längst draußen unterwegs und haben die Kamera dabei, auch wenn wir die Gegend kennen. Durch die Linse setzt der Reiseblick schneller ein.

13:00 Uhr Egal ob auf der Picknickdecke oder im Restaurant, das wir längst mal ausprobieren wollten: Zur Feier des Reisesamstages gönnen wir uns eine besonders leckere Stärkung.

15:00 Uhr Weil wir ja nie auslernen, schließen wir uns zum ersten Mal

einer Führung an. Durch den Nationalpark in der Nähe oder durch die mittelalterliche Burg. Zeit, das Unbekannte im Bekannten zu entdecken.

18:00 Uhr Den Abend lassen wir mit Gleichgesinnten ausklingen, tauschen Reisegeschichten, schmieden die nächsten Pläne. Und vielleicht probieren wir dabei ein neues Rezept aus? Zum Beispiel das Nationalgericht des Reiseziels, auf das wir uns so freuen.

Sonntag

Sonnenaufgang Heute dürfen wir uns im Bett getrost noch einmal umdrehen. Wir gehen es gemütlich an.

Wenn wir so weit sind Zeit für ein gemütliches Frühstück auswärts. Gibt es da nicht dieses Café, das wir längst ausprobieren wollten?

12:00 Uhr Bummel über den Flohmarkt. Dieses Mal merkt man uns

nicht an, dass wir schon öfter hier waren: Wir sprechen Verkäufer an, die nett zu uns herüberschauen, und nehmen uns Zeit für ihre Geschichten.

14:00 Uhr Darf's ein bisschen Kultur sein? Sonntags ist der Eintritt in viele Museen ermäßigt oder kostenlos. Eine gute Gelegenheit, endlich mal einen Blick in ihr Inneres zu werfen. Oder wir finden eine Ausstellung von Künstlerinnen und Künstlern aus der Region.

18:00 Uhr Gibt es vielleicht einen exotischen Kochkurs, dem wir uns anschließen können? Oder wir besuchen das neue Restaurant, das uns kulinarisch über einige Grenzen führt.

Unvergessliches Engagement
Das ist wichtig

Wir wollen mehr als staunen, bewundern, wir wollen mit anpacken. Freiwilligenarbeit ist *die* Möglichkeit, selbst für das aktiv zu werden, was uns am meisten am Herzen liegt. Eine unvergleichliche Chance – solange wir umsichtig bei der Auswahl von Projekten und Organisationen vorgehen.

Denn, alle Achtung: Manche Volunteering-Projekte haben nicht vorrangig den guten Zweck im Sinn, sondern sehen vielmehr die Möglichkeit, Geld mit engagierten Reisenden zu verdienen. Damit wir nicht auf solche Angebote reinfallen, sollten wir uns bei der Auswahl folgende Fragen stellen:

* Stellt die Organisation ihre Arbeit transparent dar?
* Hat sich das Projekt einer langfristigen Veränderung verschrieben?
* Was sind die konkreten Maßnahmen?
* Ist die lokale Community eingebunden?

* Und wenn es um Artenschutz geht: Woher kommen die Tiere?

Im Zweifel sind die lokalen Tourismusämter und Naturschutzbehörden eine gute Anlaufstelle, um uns zu Projekten zu beraten. Und (anerkannte!) Agenturen, die zwischen Freiwilligen und ausgewählten Projekten vermitteln.

Als erste Ideensammlung dienen die Projekte und Organisationen auf Seite 74. Ausführliche Informationen bieten ihre Webseiten:

Ol Pejeta Conservancy, Kenia

www.olpejetaconservancy.org

EcoTraining, südliches Afrika

Keine direkte Freiwilligenarbeit, aber nachhaltige Safaris und Natur-Exkursionen, deren Einnahmen für Artenschutz eingesetzt werden.

www.ecotraining.co.za

Bergwaldprojekt, Deutschland
www.bergwaldprojekt.de

Bangkok elephant care Sanctuary, Thailand
www.bangkokelephantcare
sanctuary.com

Batu Kapal Conservation, Indonesien
www.batukapalconservation.com

Cleanup Community
www.facebook.com/groups/
careeliteglobal

Wolfs- und Luchs-forschung, Slowakei
Über *Natucate*, die sich nachhaltigen Bildungsreisen verschrieben haben.
www.natucate.com/reisearten/
freiwilligenarbeit

Shuar Amazonas, Ecuador
Über Rainbow Garden Village
www.rainbowgardenvillage.com

Zum **Weiterlesen**

In Büchern

Cindy Ruch: **Europa mit dem Zug**. Reisedepeschen Verlag, 2021
Jacqueline Albers: **Gute Reise. Handbuch für nachhaltiges Reisen**.
    Reisedepeschen Verlag, 2021
Europa ohne Flieger. Lonely Planet, 2020
Jane Goodall: **Reason for hope**. Grand Central Publishing, 2000

Im Web

www.leavenotrace.ca/principles
www.fraeulein-draussen.de/naturschutz
https://blog.goodtravel.de
www.langsamreisen.de
www.scandinaviantravelcodex.com
www.ifaw.org/de/journal/gesa-neitzel

Zum Anschauen

A life on our planet, David Attenborough
Chasing Coral, Jeff Orlowski
Chasing Ice, Jeff Orlowski
Seaspiracy, Ali Tabrizi
Mission Blue, Robert Nixon und Fisher Stevens
2040 – Wir retten die Welt!, Damon Gameau
Our Planet, Alastair Fothergill

»Was am Ende bleibt, sind nicht die Stempel im Pass, sondern die Erlebnisse im Herzen.«

Franziska Consolati
In Deutschland um die Welt
Abenteuer aus allen Kontinenten,
für die wir nicht in die Ferne reisen müssen

....

- Großformatiger Reisebildband
  mit über 200 Fotos
- ISBN 978-3-95889-387-0
- www.conbook-verlag.de/buecher/
  in-deutschland-um-die-welt

Mit dem Fernglas zwischen Sträuchern am funkelnden Nachthimmel nach Sternbildern suchen, mit der Sauerstoffflasche auf dem Rücken durch Höhlen tauchen und dick in den Schlafsack eingewickelt in einem Iglu übernachten. Afrika, Nordamerika, Asien, Arktis? Nein, Deutschland.

Gänsehautmomente haben viel weniger mit Ländernamen und Reisezeiten zu tun als mit Abenteuern, die uns zum Staunen bringen. Franziska Consolati präsentiert Ihnen exotische Reiseerlebnisse (fast) vor der Haustür – praktisch sortiert nach den Kontinenten, in denen Sie danach suchen würden.

»Franziska Consolati holt die Welt nach Deutschland.« (Deutschlandfunk)

»Ein herrliches Buch für alle, die immer schon einmal wissen wollten, wie es sich anfühlt, blitzschnell in ferne Weltenräume gebeamt zu werden.« (Frankfurter Allgemeine Zeitung)

CON BOOK.

www.conbook-verlag.de
instagram.com/conbook_verlag

Wilderness
International

Jetzt ist die Zeit, zu handeln:

2,8 %

der Landoberfläche der Erde
bieten noch intakte Lebensräume,
die wir bewahren können.

Schütze jetzt ein Stück wertvollen
Primärregenwald für Klima und Artenvielfalt!

map.wilderness-international.org

- konkrete Verwendung der Spende
  (16 € schützen 16 m²)
- direkt nachvollziehbar durch
  Geokoordinaten

- langfristiger Schutz
- rechtssicher durch Grundbucheintrag
- personalisierte Urkunde